20. Sitzung

der Enquete-Kommission
"Aufarbeitung von Geschichte
und Folgen der SED-Diktatur
in Deutschland"

am 30. November 1992

Die Deutsche Bibliothek - CIP-Einheitsaufnahme

**Die SED-Diktatur** : politische, geistige und psychosoziale
Unterdrückungsmechanismen ; Erfahrungen im Alltag ; vom
30.11.1992 / Deutscher Bundestag, Referat Öffentlichkeitsarbeit.
- Bonn : Dt. Bundestag, Referat Öffentlichkeitsarbeit, 1993
  (... Sitzung der Enquete-Kommission "Aufarbeitung von Geschichte
  und Folgen der SED-Diktatur in Deutschland" ; 20)
  ISBN 3-930341-02-6
NE: Deutschland / Bundestag; Deutschland / Enquete-Kommission
  Aufarbeitung von Geschichte und Folgen der SED-Diktatur in
  Deutschland: ... Sitzung der ...

---

WG: 63;i1;14          DBN 93.173491.6          93.11.15
8331                  krg

Herausgeber:


Deutscher Bundestag

Referat Öffentlichkeitsarbeit

Bonn 1993

# Inhaltsverzeichnis

# Einleitung

Der Förderung von fundierten Kenntnissen über die alltäglichen Lebensbedingungen in einer Diktatur galt die öffentliche Anhörung über die politischen,
geistigen und psychosozialen Unterdrückungsmechanismen in der DDR. Ein
Staat, in dem die Gewährung von Pluralismus und freier Meinungsäußerung für
die Machthaber ein existenzbedrohendes Risiko bedeutet hätte, mußte sich das
unfreiwillige Wohlverhalten seiner Bürger durch doktrinäre Anleitung ihres Denkens und Handelns sichern. Sowohl die ideologische Konzeption als auch die
Praxis der "sozialistischen Gesellschaft" verlangten von den Bürgern Anpassung
und Unterordnung. Dabei stand es im selbstherrlichen Ermessen des Staates,
individuelle Entwicklungs- und Gestaltungschancen in Ausbildung, Beruf und
Freizeit zu reglementieren und die Bürger durch die Androhung von Beschrän-
kung und Entzug zu Verzicht und Anpassungsverhalten zu nötigen.

Nicht theoretische Beschreibungen, sondern authentische Erfahrungen betroffener Zeitzeugen standen bei dieser Anhörung im Berliner Reichstag im Vorder-
grund. Während die drei einleitenden Vorträge von Ehrhart Neubert, Wolfgang
Templin und Professor Wolfgang Schuller die Rahmenbedingungen skizzierten,
in denen die Unterdrückungsmechanismen ihre Wirkung entfalten konnten, lag
das Schwergewicht der Veranstaltung auf drei Gesprächsrunden mit Zeitzeugen,
an die sich jeweils Fragen und Beiträge der Kommissionsmitglieder und weiterer
Zuhörer anschlossen. Dabei befaßten sich Vorträge und Podiumsgespräche im
wesentlichen mit den folgenden Leitfragen:

1. Welche Formen der staatlichen Repression kamen in den verschiedenen
   Phasen der DDR-Geschichte zur Anwendung? Mit welchen Methoden versuchte der Staat, Anpassungsbereitschaft der Bürger zu erzwingen und kriti-
   sches Potential zu neutralisieren?
2. Wie erlebten Menschen die Fremdbestimmung? Wie bewältigten sie den Anpassungsdruck, dem jeder Bürger ausgesetzt war?
3. Wodurch waren die individuellen Entscheidungssituationen geprägt, in
   denen passive Verweigerung in bekennende Opposition umgeschlagen ist?
   Welche staatlichen Gegenmaßnahmen hatte dies zur Folge?
4. Welche psychischen Folgen hat das persönliche Erleben der Diktatur hinterlassen? Wie gehen die Betroffenen heute mit dieser Erfahrung um?

In dieser Anhörung im Berliner Reichstag erfuhr die Enquete-Kommission von individuellem und dennoch exemplarischem Erleben in vierzig Jahren SED-Diktatur: Es gab den Jugendlichen, dem trotz guter Leistungen der Besuch einer weiterführenden Schule verweigert wurde; die Mutter, die in den Monaten nach dem Mauerbau ihr schwerkrankes Kleinkind im Krankenhaus in Berlin (West) nicht besuchen durfte; der Unternehmer, dem Schritt für Schritt die Grundlagen für eine eigenständige wirtschaftliche Existenz beschnitten wurden; oder die Pädagogin, die an ihrer Arbeitsstelle bespitzelt wurde, weil sie sich fragwürdigen Erziehungsmethoden in ihrem Jugendheim verweigerte.

Es handelt sich um einzelne Beispiele aus dem Alltag der SED-Diktatur, die nicht den Anspruch auf eine repräsentative Auswahl aus allen in der DDR erlebten Schicksalen erheben können. Jeder Fall hat seine eigene Geschichte und seine eigenen Bedingungen. Dennoch besteht auch unter Berücksichtigung der Unterschiede hinsichtlich des jeweiligen Ausmasses der staatlichen Repression und der erlittenen Folgen ein gemeinsamer Nenner darin, daß es sich bei den Zeitzeugen um Menschen handelt, die wegen ihrer weltanschaulichen und politischen Ansichten, wegen ihrer sozialen Herkunft oder ihres offenen und kritischen Wortes als Außenseiter diskriminiert wurden. Einige sahen sich ganz unvermittelt und für sie selbst überraschend außerhalb der normierten DDR-Gesellschaft gestellt, andere haben sich in Kenntnis des persönlichen Risikos in eine solche Situation selbst hineinbegeben.

Die Anhörung machte deutlich, daß im SED-Staat ein vielfältiges, ebenso subtiles wie brutales System der Repression gegen seine Bürger bestand. Sein Einfluß auf den Alltag in der DDR war bedeutend. Unabhängig vom Charakter der individuellen Bewältigungstrategie, unabhängig vom Ausmaß persönlicher Anpassungs-, Verweigerungs- und Widerstandsbereitschaft konnte sich kaum jemand den staatlichen Unterdrückungsmechanismen und den an ihn gestellten Anforderungen gänzlich entziehen. Je nach den gegebenen Umständen mußten die Menschen sich unterschiedlicher Verhaltensweisen bedienen. In der einen Situation paßte man sich an, in einem anderen Fall wich man aus oder riskierte bei anderer Gelegenheit ein offenes Wort.

Die Berliner Anhörung hat für die Arbeit der Enquete-Kommission tiefe Spuren hinterlassen, indem sie z.T. erschütternde persönliche Schicksale vor Augen führte, die den Mitgliedern der Kommission bei ihrer Arbeit in den verschiedenen Themenbereichen über die Machtstrukturen, die Justiz oder die Deutschlandpolitik bewußt bleiben werden. Die Anhörung hat zudem das Bewußtsein für die Tatsache geschärft, daß persönliches Leid und Verzicht, die von Menschen in der DDR gegen ihren Willen und gegen ihre Leistungsfähigkeit ertragen werden mußten, nur mittelbar durch eine Analyse der "großen Politik" und der übergreifenden historischen Entwicklungslinien erfaßt werden können. Die zum Alltag in der DDR gehörende Repression und die damit verbundene persönliche Ohnmacht gegenüber einem unangreifbaren Staatsapparat machen es verständlich, daß viele Wunden auch nach Jahren noch nicht verheilt sind. Andererseits ist bei vielen Betroffenen das Bedürfnis zum Gespräch über die Erlebnisse noch sehr groß.

Ausgehend von dieser Anhörung stellt sich für die Enquete-Kommission die Frage, welche Formen von Repression und Schädigung es gab, wie bisher der Gesetzgeber durch Rehabilitierung, Entschädigung, Wiedergutmachung reagierte und wo Defizite bestehen.

Die Enquete-Kommission hat im Verlauf ihrer bisherigen Arbeit die Erfahrung gemacht, daß mancher durchaus geläufige Begriff unversehens fragwürdig werden kann, da er bei vertiefter Kenntnis die Vielfalt der Erlebnisse und Erfahrungen in einer Diktatur nur sehr unvollkommen zu beschreiben vermag. Dies gilt z.B. für den Begriff der "Opferanhörung", der gerade auch im Bewußtsein der hier dokumentierten Erfahrungen über entwürdigende Unterdrückung berechtigt ist. Zugleich drängen sich jedoch neue Fragen auf. Waren z.B. alle Menschen Opfer, weil sie in der DDR lebten? Was bedeutete "Normalität" im SED-Staat? In diesem Zusammenhang beeindruckte die Aussage eines Zeitzeugen, der in der Rückschau auf die für ihn in den fünfziger Jahren noch mögliche Alternative zwischen einem Neuanfang im Westen und dem Verbleiben in der DDR so resümierte: "Wir haben unser Leben hier in diesem Land verbringen müssen, weil wir hierblieben und nicht abgehauen sind, weil es ja auch hier Leute geben mußte, die was machten".

Die Anhörung im Berliner Reichstag sollte und darf nur ein Anfang für ein allgemeines Bürgergespräch sein. Zahlreiche Aspekte konnten nur in knapper Form angesprochen werden. Wenn die vorliegende Dokumentation es vermag, Material und Anstöße für Auseinandersetzungen mit den Lebensbedingungen in der SED-Diktatur zu geben, dann wurde mit dieser Arbeit ein wichtiger Beitrag geleistet.

Der Dokumentation seien viele aufmerksame und sensible Leser gewünscht.


Bonn, im Dezember 1993

Rainer Eppelmann, MdB
Vorsitzender


Prof. Dr. Alexander Fischer
Dirk Hansen, MdB
Dr. Armin Mitter
Prof. Dr. Hermann Weber
Prof. Dr. Herbert Wolf
Martin Rißmann, wiss. Mitarbeiter


(Berichterstattergruppe für das Themenfeld "Machstrukturen und Entscheidungsmechanismen im SED-Staat und die Frage der Verantwortung")

DEUTSCHER BUNDESTAG                    Protokoll Nr. 20
   12. Wahlperiode
 Enquete-Kommission
"Aufarbeitung von Geschichte
und Folgen der SED-Diktatur
     in Deutschland"

Protokoll

der 20. Sitzung

der Enquete-Kommission
"Aufarbeitung von Geschichte und Folgen der SED-Diktatur in
Deutschland"

am Montag, dem 30. November 1992, 11.00 Uhr

in Berlin, Reichstagsgebäude, Plenarsaal

Vorsitz: Abg. Rainer Eppelmann (CDU/CSU)

<u>Einziger Punkt der Tagesordnung</u>

Öffentliche Anhörung zu dem Thema

"Die SED-Diktatur - politische, geistige und psychosoziale
Unterdrückungsmechanismen/Erfahrungen im Alltag"

- 1. Teil -

Deutscher Bundestag    Montag d. 30. Nov. 92  11⁰⁰    20.

A n w e s e n h e i t s l i s t e

Sitzung der Enquete-Kommission "Aufarbeitung von Geschichte und Folgen
der SED-Diktatur in Deutschland"

| Ordentliche Mitglieder der Enquete-Kommission | Unterschrift | Stellvertretende Mitglieder der Enquete-Kommission | Unterschrift |
|---|---|---|---|
| Abgeordnete(r) CDU/CSU | | Abgeordnete(r) CDU/CSU | |
| Dehnel, Wolfgang | _Dehnel_ | Böhm(Melsungen),Wilfried | .......... |
| Eppelmann, Rainer | _signature_ | Dr.-Ing. Jork, Rainer | _signature_ |
| Dr. Kahl, Harald | | Koschyk, Hartmut | _signature_ |
| Dr. Krause(Bonese),Rudolf | Dr.R.Krause | Michalk, Maria | |
| Lehne, Klaus-Heiner | entschuldigt | Frhr. v.Schorlemer,Reinhard | .... |
| Dr. Müller, Günther | entschuldigt | Skowron, Werner | _signature_ |
| Dr. Wilms, Dorothee | _signature_ | Dr. Wisniewski,Roswitha | .......... |
| | | | |
| SPD | | SPD | |
| Hanewinckel, Christel | _signature_ | Barbe, Angelika | _Barbe_ |
| Hilsberg, Stephan | _signature_ | Fischer(Gräfenhainichen), Evelin | .......... |
| Meckel, Markus | _Meckel_ | Dr. Soell, Hartmut | .......... |
| von Renesse, Margot | entschuldigt | Thierse, Wolfgang | .......... |
| Weisskirchen(Wiesloch),Gert | _signature_ | Weißgerber, Gunter | .......... |
| | | | |
| F.D.P. | | F.D.P. | |
| Hansen, Dirk | _signature_ | Hackel, Heinz-Dieter | .......... |
| Dr. Schmieder, Jürgen | _signature_ | Lüder, Wolfgang | .......... |
| | | | |
| PDS/LL | | PDS/LL | |
| Dr. Keller, Dietmar | .......... | Dr. Modrow, Hans | .......... |
| | | | |
| BÜNDNIS 90/DIE GRÜNEN | | BÜNDNIS 90/DIE GRÜNEN | |
| Poppe, Gerd | _signature_ | Dr. Ullmann, Wolfgang | _Ullmann_ |

als Sachverständige:

Dr. Faulenbach, Bernd

Prof. Dr. Fischer, Alexander

Fricke, Karl-Wilhelm

Gutzeit, Martin

Kempowski, Walter

Dr. Mitter, Armin        x)

~ssauer, Martin-Michael

Prof. Dr. Schroeder, Friedrich-Christian

Prof. Dr. Weber, Hermann

Prof. Dr. Wilke, Manfred

Prof. Dr. Wolf, Herbert   x)

_____

x) mitwirkende Sachverständige

Montag d.30. Nov. 92 11⁰⁰    Enquete
                              SED    088

|  | Fraktions- und Gruppen-vorsitzende: | Vertreter: |
|---|---|---|
| CDU/CSU | .................... | .................... |
| SFD | .................... | .................... |
| FDP | .................... | .................... |
| PDS/LL | .................... | .................... |
| BÜNDNIS 90/DIE GRÜNEN | .................... | .................... |

| Fraktions- und Gruppen-mitarbeiter: (Name bitte Druckschrift) | Fraktion/Gruppe: | Unterschrift |
|---|---|---|
| BRÄNDEHL | SPD | |
| TOFF | CDU/CSU | |
| FINN | | |
| RINK | SPD | |
| Baron | Bündnis 90 | |
| Lehmann | PDS LL | |
| Rode | F.D.P. | |
| Deja | SPD | |
| MACIAN. 16 | SPD | |

| Ministerium bzw. Dienststelle (bitte Druckschrift) | Name (bitte Druckschrift) | Dienststellung (in Druckschrift, nicht abgekürzt) | Unterschrift |
| --- | --- | --- | --- |
| BMI | LUHRT | rA | |
| THA | Berger | Berater | |
| BMI | HOESCH | nR | |
| BMJ | Locken | RD | |
| BMJ | Meyer-Seitz | R-LG | |
| | | | |
| | | | |
| | | | |
| | | | |
| | | | |
| | | | |
| | | | |
| | | | |
| | | | |
| | | | |
| | | | |
| | | | |
| | | | |
| | | | |

| Bundesrat: (bitte Druckschrift) | Unterschrift | Dienststellung (Druckschrift, nicht abgekürzt) | Land |
| --- | --- | --- | --- |
| | | | |
| | | | |
| | | | |
| | | | |
| | | | |
| | | | |
| | | | |
| | | | |
| | | | |
| | | | |

Vorsitzender <u>Rainer Eppelmann</u>: Meine sehr verehrten
Damen und Herren! Liebe Kolleginnen und Kollegen! Lassen Sie
mich die vierte öffentliche Anhörung der Enquete-Kommission
"Aufarbeitung von Geschichte und Folgen der SED-Diktatur in
Deutschland" eröffnen.

Weil die Frage aufgetaucht ist, möchte ich es gern noch
einmal sagen: Es ist tatsächlich die vierte öffentliche
Anhörung. Wir hatten die erste und zweite zu Fragen der
Regierungs- und Funktionärskriminalität und einen
Meinungsaustausch mit anderen Gruppen und Initiativen am 29.
und 30. September 1992 in Leipzig. Wir hatten in der letzten
Woche die dritte, eine ebenfalls öffentliche Anhörung, in
Bonn. Heute ist die erste öffentliche Anhörung in Berlin. Ihr
wird schon im Januar eine zweite öffentliche Anhörung folgen.

Auch das vielleicht noch zur Einstimmung: Die Enquete-
Kommission ist heute zum zwanzigsten Mal als Enquete-
Kommission zu einer Sitzung zusammengekommen. Thema soll
heute sein: "Die SED-Diktatur - politische, geistige und
psychosoziale Unterdrückungsmechanismen bzw. Erfahrungen im
Alltag".

Wir sehen unsere Aufgabe nicht darin, die Geschichte der
SBZ/DDR zu schreiben. Es ist auch nicht unsere Hauptaufgabe,
Schuld aufzuspüren und diese zuzuweisen. Diese Kommission
soll keine juristischen Verurteilungen aussprechen, sie soll
aber auch keine Auszeichnungen für besonders vorbildhaftes
Verhalten in schwieriger Zeit verleihen.

Die Aufgabe der Enquete-Kommission ist es vielmehr, die
Kenntnisse über das, was die DDR war, zu vermehren, zu
intensiven Analysen einer untergegangenen Wirklichkeit
anzuregen und zu einer politischen Bewertung dessen, was die
DDR ausmachte, den Weg zu ebnen und sie zum Teil auch selbst
vorzunehmen. Als Ziel der Kommissionsarbeit ist ein Bericht
vorgesehen, in dem die Ergebnisse der Expertisen sachkundiger
Wissenschaftler und Zeitzeugen sowie die von der Kommission
veranstalteten öffentlichen Anhörungen zusammengefaßt werden
sollen. Die politische Zielsetzung dieses Berichtes soll
darin bestehen, dem Gesetzgeber konkrete Vorstellungen
darüber zu unterbreiten, wie geschehenes Unrecht, zumindest

zum Teil, wiedergutgemacht oder gemildert werden kann und wie
Gerechtigkeit oder wenigstens ein bißchen mehr Gerechtigkeit
hergestellt werden soll. Dabei wird es nicht ohne präzise
Feststellungen auch zum Thema der politischen und moralischen
Schuld in Deutschland abgehen können.

In der Anhörung, die uns heute und morgen mit den
politischen, den geistigen und psychosozialen Unterdrückungsmechanismen der SED-Diktatur konfrontieren wird, geht es vor
allen Dingen darum, typische Vertreter der 16 Millionen
Ostdeutschen vor dem Forum einer größeren Öffentlichkeit zu
Wort kommen zu lassen. Deshalb, weil es bei dieser Anhörung
um die allgemeinen Erfahrungen des DDR-Alltags geht, kommt
den Zeitzeugen, die uns berichten wollen, besondere
Wichtigkeit zu.

Darum auch an dieser Stelle schon einen herzlichen Dank
all denen, die sich dazu bereit erklärt haben, öffentlich von
ihren Erfahrungen zu berichten und zu erzählen. Ihre Aussagen
werden dem, was die Wissenschaftler hier vortragen werden,
unverzichtbare Elemente der Authentizität hinzufügen. Es soll
und es wird bei dieser Anhörung also nicht so sehr um die
spektakulären Dinge gehen, an denen es in der Geschichte der
DDR nun wahrlich auch nicht gefehlt hat, sondern wir wollen
in diesen Anhörungen das alltägliche Leben der DDR so in
Erinnerung rufen, daß wir als ehemalige Bürger dieses Staates
und als Bürger der alten Bundesrepublik, deren Leben ja auch
auf vielfältige Weise verbunden war, sagen können: So war das
normale Leben in der normalen DDR.

Gewiß bezeichnet schon die Themenformulierung dieser
Anhörung ein Problem. Waren die politischen, die geistigen
und psychosozialen Unterdrückungsmechanismen der SED-Diktatur
tatsächlich Erfahrungen im Alltag breiterer Bevölkerungs-
schichten der DDR? Im Lebensbericht eines älteren Arbeiters
in der DDR las ich das folgende Resümee eines gewiß nicht
einfachen Lebens:

> Ich möchte grob sagen: Ich habe gelebt, um
> meine Familie zu ernähren und zu unterhalten
> und uns einigermaßen ein wohnliches Zuhause
> zu machen. Das war der Hauptsinn.

Bis in den Herbst 1989 konnte es so scheinen, als ob dieser
Standpunkt tatsächlich von einer übergroßen Mehrheit geteilt
wurde. Der Rückzug ins Private, das Arrangement mit den
Mächtigen in den Betrieben, Schulen, Universitäten und
Behörden, die Spaltung des Bewußtseins in ein öffentlich
vorgeführtes und das des privaten Lebenskreises in der
Familie, im Freundeskreis oder auch im engeren Arbeitskreis
oder der Kirche, die Resignation angesichts der vielen
Unmöglichkeiten in der DDR und auch die kleinen Tricks, mit
denen man sich das Leben erleichtern konnte - waren das nicht
die typischen Erfahrungen im Alltag der DDR? Waren das nicht
die Farben, der Stil und der Geruch des ersten Arbeiter-und-
Bauern-Staates auf deutschem Boden? Konnte man da nicht sogar
immer wieder etwas stolz auf das sein, was man sich unter so
vielen Schwierigkeiten aufgebaut hatte und in zähem Bemühen
ständig zu sichern und weiter auszubauen versuchte?
Was wußte man in der DDR von denjenigen, die nun tatsächlich
ihre Erfahrungen mit den politischen, geistigen und
psychosozialen Unterdrückungsmechanismen der SED-Diktatur
gemacht hatten? Ich denke an die politischen Gefangenen, die
Wehrdienstverweigerer und Bausoldaten, die in Studium und
Beruf wegen mangelnden sozialistischen Bewußtseins
Zurückgesetzten, die jungen Leute, die sich in verschiedenen
Gruppen mit Leidenschaft für Menschenrechte, Frieden und
Bewahrung der Schöpfung einsetzten und deshalb nur allzuoft
in Konflikte mit der sozialistischen Gesellschaft gerieten.
Ich denke an die Menschen, die es in der DDR nicht mehr
aushielten und als Ausreiser das Land verließen oder
verlassen wollten oder sollten, und an die Christen, die sich
oft an den Rand gedrängt fühlten und andererseits dann auch
wieder häufig in belastender Weise in Anspruch genommen
wurden.

    Wurden solche Menschen mit ihren Schicksalen und
Überzeugungen nicht eben doch weithin als sonderbare Heilige
angesehen, die gewiß immer wieder auch insgeheim Respekt
erfuhren, die dann aber immer auch wieder etwas Komisches an
sich hatten in ihrem Beharren auf Standpunkten, die in der
DDR-Wirklichkeit einfach nicht durchsetzbar zu sein schienen?

Der Blick zurück hat hier gewiß manche Dimensionen
verschoben. Die jetzt oft genannte DDR-Nostalgie hat viele
Gesichter. Da wird die eigene Widerständigkeit in der
Erinnerung ebensooft überhöht, wie auch das eigene Versagen,
die eigene Schuld verkleinert wird. Das Wissen um den Aus-
und Untergang der DDR läßt vieles in einem anderen Licht
erscheinen, und solches Licht färbt das Erinnern um, und das
nicht ein für allemal, sondern immer wieder neu.

Die Kerzen des Herbstes 1989 gaben ein anderes Licht als
die Neonreklamen, die beim ersten Besuch über die Grenzen
hinweg die massenhafte Verschwisterung illuminierten. Wieder
anders färbte sich die Erinnerung, als in den immer mehr
überalterten und unrentablen Betrieben der ehemaligen DDR die
Lichter ausgingen und sich in manchen Regionen eine graue
Düsternis verbreitete, die sogar das Vergangene allmählich
wieder in ein freundlicheres Licht rückte.

Erinnerung ist immer etwas sehr Persönliches. Sie hat
immer etwas zu tun mit der eigenen Vergangenheit, Gegenwart
und schließlich auch mit der Perspektive, mit der der
einzelne in die, in seine Zukunft schaut. Erinnerung als
Aufarbeitung einer Geschichte durch ein ganzes Volk, das
selbst Subjekt und Objekt dieser Geschichte war und ist, hat
es mit millionenfacher eigener Erinnerung zu tun. Die Zeit-
geschichtler wissen um die Schwierigkeiten, die der Umgang
mit einer Geschichte bereitet, die noch qualmt.

Der vielstimmige Chor der Zeitzeugen, zu dem auch
diejenigen gehören, die jetzt verbittert und resigniert
schweigen, macht es besonders schwierig, dieser noch
qualmenden Geschichte zu begegnen. Da hat jede Stimme, so
leise oder so schrill sie auch klingen mag, ihr eigenes
Recht, denn sie spricht vom eigenen Leben und der Art und
Weise, wie man damit fertig wurde im Alltag, der ja nun eben
auch in der DDR der Normalfall war.

Wenn es bei dieser Anhörung heute und morgen gelingt,
ein Stück der Vielstimmigkeit des Chores der Zeitzeugen
hörbar zu machen, wenn es gelingt, so aufeinander zu hören,
daß dem anderen das Recht auf seine eigene Geschichte und das

Reden darüber zugestanden wird; wenn es gelingt, auch einer
breiteren, weiteren Öffentlichkeit davon etwas deutlich zu
machen, wie Geschichte und die Folgen der SED-Diktatur in
Deutschland aufzuarbeiten sind, dann wird diese Anhörung ihr
Ziel erreichen.

Ich gehe davon aus, daß Sie alle den inhaltlichen
Ablauf, wie wir uns das für heute und morgen vorgestellt
haben, vor sich liegen haben. Darum brauche ich Ihnen
eigentlich nicht zu sagen, daß wir zunächst bis zur Pause um
13.00 Uhr zwei Vorträge hören werden. Wir haben für ihre
Bereitschaft, dies zu tun, Herrn Ehrhart Neubert und Herrn
Wolfgang Templin zu danken.

(Beifall)

Danach wollen wir in ein Gespräch, in eine Diskussion über
das Gehörte eintreten, und nach der Mittagspause werden
Befragungen, Gespräche mit Zeitzeugen folgen. Ich bin von
Markus Meckel gebeten worden, diejenigen, die bei der
Zeitzeugenbefragung ab 14.00 Uhr dabei sind, zu bitten, schon
13.30 Uhr in Raum 181 zusammenzukommen, weil Markus als
Gesprächsleiter die Sache gern mit ihnen etwas vorbesprechen
möchte. An sie also die herzliche Einladung, sich schon 13.30
Uhr zu versammeln.

Ich sage für alle im Blick auf die freundliche Hilfe des
Stenographen, der zu unser aller Bewunderung hier in der
Mitte sitzt: Jeder, der nachher etwas sagt, möge bitte
unbedingt seinen Namen vorher sagen, weil es sonst ungeheuer
schwer wird, aus der Mitschrift etwas Vernünftiges zu machen.
Bitte, nicht vergessen!

Dem ersten nehme ich das ab; er muß seinen eigenen Namen
nicht sagen: Ehrhart Neubert, ich bitte Dich, sage uns etwas
zum Thema "Zwischen Anpassung und Verweigerung - der einzelne
im realen Sozialismus".

Sv Ehrhart Neubert: Verehrter Herr Vorsitzender, lieber
Rainer! Meine Damen und Herren! Rainer Eppelmann hat kürzlich
eine Aussage über die Bevölkerung der ehemaligen DDR
getroffen, indem er sie in mehrere, fünf, Kategorien

eingeteilt hat. Danach hätte es auf der einen Seite eine
kleine Gruppe von Widerständlern und intensiven, aktiven
Verweigerern gegeben, auf der anderen Seite die berühmte
"Nomenklatura", und dazwischen eine große Mehrheit, die bald
so, bald so optiert hat. Das war eine mutige Äußerung, und
die Reaktionen in der Presse und auch von bestimmten
Politikern ließen nicht lange auf sich warten; denn eine
solche Katalogisierung aus dem Munde von Rainer Eppelmann ist
zugleich ein Urteil, das die meisten ehemaligen DDR-Bürger
wohl verletzen muß und mit dem sie nicht umgehen können. Es
wird ja auch in politischen Kreisen gesgt, nicht jeder hätte
so wie Eppelmann und andere agieren und leben können.

Aber wir können es uns, glaube ich, nicht leisten, über
diese Fragen ohne Urteil nachzudenken; denn das Problem
überhaupt wahrzunehmen ist ja schon ein Urteil. Freilich, vor
dem Urteil liegt die Analyse, die sich dann wiederum an dem
Urteil orientieren muß, damit unsere zukünftigen
Entscheidungen davon etwas haben, damit wir auf Grund unseres
Bewußtseins von Geschichte, auf Grund unseres Bewußtseins,
wie wir uns damals verhielten, auch in der Zukunft etwas
daraus erfahren und einen Gewinn haben.

Ich will in meinem eigenen Versuch in zehn Thesen
einen Bogen schlagen von der Erinnerung, von der Herr
Eppelmann eben schon gesprochen hat, bis hin zu den
Möglichkeiten des Verhaltens der ehemaligen DDR-Bürger, um
dann schließlich nach dem Ertrag zu fragen, der unbedingt
hinzugehört. Denn wenn wir Vergangenheitsaufarbeitung
betreiben, müssen wir stets auch wissen, warum wir das tun.

Erstens. Erinnerung ist schon wieder eine
Anpassungsleistung. In den gegenwärtigen Zwängen, in denen
wir stehen, scheint es so zu sein, daß wir unsere
Biographien, unsere Vergangenheit in Ordnung bringen müssen.
Um es anders zu sagen: Heute erinnert sich im Osten
eigentlich jeder nur noch an seine eigene Verweigerungs-
geschichte und an seine Einsprüche gegen das SED-Regime. Im
Lande werden eifrig Biographien und Lebensläufe gebastelt,
und jeder erzählt jedem, wo er es einmal seinem Chef, seinem
Parteisekretär, dem Bürgermeister oder irgendeinem anderen

kleinen oder großen Mächtigen gegeben hat, wie wir gelitten
haben und welche Konsequenzen und Schwierigkeiten wir auf uns
nehmen mußten.

Ich finde es nicht untypisch, daß auch hohe und höchste
MfS-Offiziere heute ihre Verweigerung und ihren Widerstand
sehr gut darstellen können. Ich erlebte also den Oberst
Wiegand schon ein paarmal im Untersuchungsausschuß in
Brandenburg, und ich erfahre dort, daß er die Kirche
selbstverständlich vor den Sektierern auf der kirchlichen
Basis geschützt und gesichert hat, aber vor allen Dingen auch
vor den Sektierern im Politbüro.

Es gibt sogar Theorien, die "wissenschaftlich" über den
Widerstand im Ministerium für Staatssicherheit entwickelt
werden. Hier wierd uns aber eine Form von Erinnerung
präsentiert, die natürlich auch ihren Anhalt haben muß. Wie
kommt es, daß das möglich ist? Ich glaube, es signalisiert
uns zwei Dinge. Einmal, daß wir heute in einem neuen
Anpassungsdruck stehen, über den wir noch nicht reflektiert
haben. Zum zweiten, daß wir mit eventueller Schuld, die in
Anpassung verborgen ist, überhaupt noch nicht umgehen
können, weder der einzelne noch die Gesellschaft.

Zweitens. Anpassung und Verweigerung sind keine
Kategorien des Verhaltens, die "entweder - oder" von den
einzelnen Menschen gelebt werden können und gelebt wurden.
Wir müssen es uns auf der einen Seite ehrlicherweise
eingestehen und mit dem Phänomen umgehen lernen, daß der
Anpassungsdruck von seiten des politischen Systems so groß
war, daß die übergroße Mehrheit der Bevölkerung sich
tatsächlich angepaßt hat. Erinnerung: 99 % gingen zur Wahl,
96 % zur Jugendweihe. Die DDR-Bürger waren im Durchschnitt
3,2 mal organisiert, d. h. alle Massenorganisationen,
Parteien, paramilitärischen Verbände usw. usf. hatten bei
einer Bevölkerung von 16,5 Millionen etwas über 50 Millionen
Mitglieder. Nur die Gruppe der Ein- bis Dreijährigen war
überhaupt nicht organisiert.

(Zuruf: Das hätte aber auch noch sein müssen!)

- Ja, lassen Sie mich mal als Theologen sagen: So ihr nicht werdet wie die Kindlein, werdet ihr nicht das Reich Gottes erlangen! Aber ich bitte das nicht zu Protokoll zu nehmen.

Ich erinnere auch an die verordneten Großdemos etwa am 1. Mai, die in der DDR bis zu 6 Millionen Menschen auf die Beine brachten, und das sind mehr, als im gesamten Herbst 1989 demonstriert haben! Ich denke an Unterschriften-sammlungen, die politische Anliegen und Interessen der Regierung unterstützen sollten, indem Belegschaften und Schulen und Einrichtungen oft hundertprozentig unterschrieben haben. Es gibt viele andere Beispiele, und ich wäre versucht, eine Schnellumfrage im Saal zu machen, wie es sich hier ausgewirkt hat.

Aber zugleich stimmt eben auch etwas anderes. Wir müssen ebenfalls zur Kenntnis nehmen, daß die Verweigerung ebenso von einer übergroßen Mehrheit praktiziert wurde. Nun gibt es dafür nicht so griffige Zahlen, weil das ohnehin in der DDR nicht gemessen wurde und nicht gemessen werden durfte. Ich kenne nur eine zuverlässige Statistik, und das war eine streng geheime Studie aus dem Jahr 1988 zu den Einschalt-quoten der DDR-Sender und des Fernsehens. Damals lagen die Einschaltquoten bei ungefähr 2 bis 5 %, der Rest waren westliche Sender und Fernsehanstalten; nur DT 64 hatte eine Einschaltquote von 7 %, und das lag u. a. auch an den Zwangseinschaltungen in den Strafanstalten und in der Nationalen Volksarmee.

Wir wissen eben aus eigener Erfahrung, daß die Erwartungen der SED vielfältig von der Bevölkerung nicht erfüllt worden sind, daß solche Projekte wie die "sozialistische Lebensweise" und vieles andere nebulöse Hirngespinste waren, die von der Bevölkerung nicht umzusetzen waren. Ich werde dazu nachher noch etwas Genaueres sagen.

Warum war das so? Auf der einen Seite die scheinbar vollständige Anpassung, und zugleich und damit verbunden auch die vollständige oder nahezu vollständige Verweigerung! Es lag im Prinzip an dem Grundwiderspruch des Systems. Das politische, soziale und ökonomische System der DDR litt immer an der Differenz zwischen ideologischer Vorgabe und realer

Umsetzung. Der einzelne wollte und wollte partout nicht zu
der "allseitig gebildeten kommunistischen Persönlichkeit"
werden, und spätestens am Intershop versagte der
Klassenstandpunkt. Selbst die Nomenklatura schaffte das
nicht. Egon Krenz trank eben seine Büchse Eku am Abend vorm
Fernseher - wie er selbst sagte - wie jeder Arbeiter in der
DDR auch; allerdings: Die tranken sie nicht, sondern lasen
sie am Straßenrand, an der Autobahn auf, um sie sich ins
Büfett zu stellen.

Bis in die Ideologiebildung war der Widerspruch nicht zu
lösen, und immer, wenn die SED etwas Neues erfunden hatte,
etwa mit dem "Schritt vom Ich zum Wir", mußte sie kurz danach
die Sache wieder reparieren und für das "Ich" den
ökonomischen Hebel installieren.

In summa: Selbst wer sich vollständig anpassen wollte,
scheiterte an der Unerfüllbarkeit des Anspruches. Das Defizit
war nicht auszugleichen; und selbst die Leute, die sich
gutwillig oder unter Druck anpassen wollten, wurden in die
Verweigerung getrieben.

Drittens. Der Widerspruch zwischen Anspruch und
Wirklichkeit konnte nicht öffentlich, nicht gesellschaftlich
ausgetragen werden. Er mußte vom einzelnen, vom Individuum im
realen Sozialismus ertragen und kompensiert werden. Nun gibt
es zweifellos zahlreiche SED-Genossen - ich kenne welche, und
ich habe auch ein bißchen Material, das ich aus Zeitgründen
nicht vorstellen kann -, die sich die Hacken abgelaufen
haben, um diese Kluft zu schließen, Kommunalpolitiker,
Ökonomen usw., die sich etwa um Wohnungsprobleme gekümmert
haben, die sich um Arbeitsplätze und andere Konflikte
sorgten. Sie wollten ihre Sache einfach gut machen. Aber
diese sind oft am starren System verzweifelt oder haben
resigniert.

Die Spannung zwischen einem unerreichbaren und nicht
praktikablen, unrealistischen Ziel einerseits und den
methodischen Vorgaben andererseits hat zahlreiche Menschen
kaputtgemacht. Denn auch der Normalbürger, der Nichtgenosse
hat erlebt, wie ihm Verantwortung zugeschoben wurde. Man hat

diese Verantwortlichkeiten nicht ertragen, weil es keine
Möglichkeit gab, sie letzten Endes auch auszufüllen.

Statt dessen wurde die triste Wirklichkeit immerfort mit
dem Pathos hehrer Ziele kompensiert, und jeder litt an der
Unberechenbarkeit der Feindbildmechanismen, und jeder wußte,
daß er unversehens zum Feind erklärt werden konnte, wenn er
die Erwartungen nicht erfüllte.

Joachim Maaz hat die Folgen dieser Lasten beschrieben,
die zu Verbiegungen, ja, auch zum Gefühlsstau geführt haben,
der sich jedesmal dann - und nicht erst 1989 - entlud, wenn
es irgendwo einen Spalt in dem abgrenzenden und ausgrenzenden
System der DDR gab. Die Unzulänglichkeiten des Systems wurden
dem einzelnen zugeschoben. Er wurde in der Nötigung zur
Anpassung in die Verweigerung getrieben, und dieses hat
schließlich auch die SED-Genossen betroffen und nicht nur die
ganz und gar Passiven, die von vornherein politisch nichts
wollten.

Viertens. Die totale Organisation der politischen
Lebenswelt führte zur Anpassung durch den Versuch der Machtteilhabe bei gleichzeitiger Verweigerung mittels der
Blockierungsmacht des einzelnen. Unter dem totalen
Machtanspruch der SED, der die Unterordnung des Individuums
verlangte, war es nun für den einzelnen eine Entlastung, wenn
er selbst glaubte, Anteile an dieser Macht zu gewinnen. Das
heißt, im Grunde müßte man, um es ganz scharf zu sagen, Angst
und auch Resignation als Grund für Mitgliedschaften etwa in der
SED oder als Motiv der Bereitwilligkeit zum inoffiziellen
Mitarbeiter beim MfS erkennen.

Die Machtteilhabe aber führte zugleich zu einer Teilhabe
an der Verantwortung, die systembedingt die Menschen dahin
trieb, daß sie ihre Ohnmacht spürten.
Darum setzte in großem Stil eine Verweigerung der
Verantwortung ein. Rudolf Bahro nannte das 1978 die "in der
DDR organisierte Verantwortungslosigkeit". Tatsächlich aber
war das ein Verschieben von Verantwortung von einer auf eine
andere Ebene, auf obere oder untere Ebenen. Diese
Verschiebung, diese Schiebung im wahrsten Sinne des Wortes
war eben auch eine Form der Verweigerung. Und hier müssen wir

auch sehen, daß zahlreiche DDR-Funktionäre - ich denke, bis
in die höchste Ebene hinein - sich dem System in diesem Sinne
verweigert haben, ohne daß ihnen das bewußt war.

Fünftens. Die Organisation des sozialen und kulturellen
Lebens führte zwar zum Genuß der angebotenen sozialen
Sicherheit und zu einem kulturellen Konsum; aber zugleich
waren diese Angebote derart defizitär, daß die Mängel durch
informelle, nichtoffizielle Beschaffungsmechanismen gedeckt
werden sollten. So entstand die DDR in sozialer Hinsicht als
eine doppelbödige Konstruktion. Wir haben also über die
offizielle Kultur und die offizielle soziale Organisation
hinaus darunter eine informelle Kultur, die auf der einen
Seite sicherlich die Vorteile nutzte, aber auf der anderen
Seite die Intention auch verdrehte. Ich erinnere an
solche schönen Worte aus der DDR: Urlaub auf Krankenschein;
an unsere informelle Ökonomie: Was haben wir doch alles
angestellt, um uns irgend etwas auf nicht legale oder
halblegale Weise zu beschaffen! Ich erinnere an die
kulturellen Nischen, den Rückzug ins Private, an den schönen
Spruch, der schon wieder vergessen ist: Privat geht vor
Katastrophe! Schließlich der Extremfall: der Versuch oder die
ausgeführte Flucht auf verschiedenen Wegen.

Ich denke auch an das, was wir - wenn wir es
untersuchten - zu unserer Arbeitsmotivation sagen müßten.
Auch hier lag eben ein Stück Verweigerung vor, die in
Kompensation des Mangels an sozialen und kulturellen
Angeboten praktiziert werden mußte.

Sechstens. Die Organisation des Denkens und Fühlens,
indem dem einzelnen der Sozialismus als unausweichliches,
durch die ewigen Gesetze der Natur und Gesellschaft
vorgegebenes und determiniertes Schicksal vermittelt wurde,
führte zur Anpassung in einer trotzigen und oft
theatralischen Teilhabe am "Sieg des Sozialismus".
Gleichzeitig nagte aber der Zweifel am Bewußtsein der DDR-
Bürger, ob sie wirklich die "Sieger der Geschichte" seien.
Das führte zur Verweigerung der vollständigen ideologischen
Gefolgschaft.

Ich möchte einmal daran erinnern, wie stark das gewirkt
hat - daß nämlich eigentlich neben dem äußeren
Herrschaftsmechanismus diese auf unseren Geist und unser
Bewußtsein wirkende Herrschaft eines metaphysischen
Geschichtsbildes viel mehr gewirkt hat, als es alle anderen
Repressionen erzeugen konnten. Als Honecker erklärte, die
Mauer würde noch 50 bis 100 Jahre stehen, gab es kaum
Protest, sondern man hat die Endgültigkeit des System weithin
bis in die Reihen der aktiven Opposition verinnerlicht. Und
warum? Weil eben diese geistige Klammer von uns ungenügend
durchschaut und vor allen Dingen auch ungenügend bekämpft
worden ist.
Der Mechanismus der Herrschaft über den Geist ist eine
Sache, die noch nicht genügend aufgearbeitet ist, auch im
Sinne einer Neuauflage der Totalitarismusforschung in der
DDR. Hier gab es metaphysische Strukturen, in die wir
eingetaucht sind und aus denen sich zu befreien äußerst
schwer war, gab es doch auch hier in jedem die Spannung
zwischen Anpassung und Verweigerung.
    Siebentens. Wenn beide Seelen, nämlich Anpassung und
Verweigerung, in jedes DDR-Bürgers Brust wohnten, heißt das
aber nun nicht, daß wir alle gleich waren: ein Kollektiv der
Gleichgejagten, ein Kollektiv der Jäger. Anpassung und
Verweigerung, ihre Zusammengehörigkeit und die
unterschiedlichen Gewichte, waren eben immer abhängig von den
Entscheidungen des einzelnen Menschen. Wir waren eben nicht
das angestrebte mystische Kollektiv, von der Geschichte
geboren, auf irgendeiner Stufe zum Endziel. Wir waren nicht
die, die in aller Vorläufigkeit noch die vorhandenen Mängel
des Sozialismus aushielten, um dann irgendwann am
kommunistischen Heil teilzuhaben. Wir waren einzelne, zwar in
Gruppen und Gruppeninteressen differenziert, aber eben doch
Individuen. Das Kollektiv DDR war eine Funktion, jeder
kämpfte um sein Leben, und Anpassung des Lebens war
Überlebensstrategie, und jeder, der sich verweigerte, in dem
Maß, wie seine Kraft am Ende war, der mußte Verweigerung
wiederum zu seiner Überlebensstrategie machen.

Das heißt, jeder einzelne in der DDR ging seinen Weg, nichts ging in Wahrheit den "gemeinsamen sozialistischen Gang", sondern der einzelne versuchte, sein Verhältnis zu den Umständen, zum realen Sozialismus zu gestalten, in seiner Verantwortung. Er wußte, wann er sich verweigern mußte; und er wußte, wann er versuchte, sich anzupassen. Er schätzte das Risiko ein und versuchte, Chancen wahrzunehmen oder sie auch auszuschlagen.

Anpassung und Verweigerung sind in jeder Phase der DDR-Geschichte vom einzelnen ungleich gewichtet worden, und wir dürfen jetzt, im nachhinein, bei allen gemeinsamen, durch die politischen, durch die gesellschaftlichen Verhältnisse, durch die Ideologie bedingten Zuständen, die uns in gleiche Verhaltensmechanismen getrieben haben, diese Unterschiede nicht nivellieren.

Achtens. Auch unter der Voraussetzung, daß Anpassung und Verweigerung in der Situation der Widersprüche jeweils Lebens- und Überlebensstrategien einzelner waren, sind aber die Folgen für andere zu bewerten. Von diesen Folgen her sind auch Urteile in der Bewertung zu treffen, und zwar solche Urteile, die auch schon zu DDR-Zeiten hätten getroffen werden können.

Man muß fragen: Was hat also die Strategie der Anpassung bewirkt? Welche Folgen hatte sie für andere? Ich will dazu drei Fragen stellen. Im politischen Sinn: Hat der Angepaßte sich auf einen Irrtum eingelassen, eventuell gegen besseres Wissen, und hat er andere zum Irrtum verleitet oder hineingetrieben? Ich denke einmal an die vielen Leute, die uns etwa frühmorgens zu allen möglichen Gelegenheiten in Sachen ND geschult haben und am Abend dann selbst bei ZDF und ARD in der ersten Reihe saßen.

In ethischer Hinsicht: Hat der Angepaßte in seiner Lebensstrategie Solidarität geübt, oder hat er sich entsolidarisiert? Haben andere durch sein Verhalten Nachteile gehabt? Hier denke ich an viele Lehrer, bis hin zu dem Nichtparteimitglied im Betrieb, an den Meister etwa, der mit Lehrlingen umgehen mußte, natürlich auch an den Kaderleiter und viele andere.

Schließlich, im juristischen Sinne, auch wenn diese Frage nur bei wenigen zu stellen wäre: Hat der Angepaßte vorwerfbar überschießend und vorauseilend die Möglichkeiten und Grenzen der DDR-Gesetze, Sitte und Moral rechtswidrig übergangen?

Und umgekehrt muß auf der anderen Seite in der Lebensstrategie der Anpassung festgestellt werden, daß im politischen, ethischen und juristischen Sinne auch Schuld immer implizit vorhanden ist. In der Strategie der Verweigerung dagegen ist jeder nur für sich, für den einzelnen ein Risiko eingegangen. Sie ist eigentlich kein Ausdruck der Entsolidarisierung. Sie ist politisch nicht nötigend, sie ist nicht vorwerfbar, weil sie nicht auf Kosten der anderen ging.

Die Option für die Verweigerung ist darum - und das muß und kann man nur am Einzelfall sehen - immer mit weniger Schuld behaftet als die Strategie der Anpassung, auch wenn wir wissen, daß beides immer in jedem Individuum vorhanden ist.

Neuntens. Verweigerung ist noch kein Widerstand. Widerstand entsteht erst dort, wo der einzelne seine Verweigerung auf ein politisches Ziel richtet und mit einem politischen Willen verbindet und dieses begründet. Er kann es ethisch oder politisch, aber einfach auch vom Rechtsstandpunkt her begründet haben. Und das gab es eben auch, daß eine Minderheit diese Verweigerung so begründen konnte, etwa die, die sich unter dem Dach der Kirche als die politisch und sozial-ethisch engagierten Gruppen sammelten, oder auch viele andere, die zu nennen wären.

Wer in Verweigerung, im Gegenüber zum totalen Anspruch des Staates und der Ideologie eine Alternative gesehen hat, hat damit Widerstand geweckt, und damit wurde damals in der DDR auch politisches Bewußtsein erzeugt. Tatsächlich waren es vielleicht wenige, die von der Verweigerung zum Widerstand übergehen konnten, aber diese wenigen werden letzten Endes auch für die deutsche Geschichte einen Faktor bilden, der in der Gesamtbewertung ausschlaggebend sein wird.

Man muß die Polemiken, die heute geführt werden, von
diesem Standpunkt aus sehen. Auch in der nationalsozialistischen Zeit waren es wenige; aber die wenigen haben
die Zukunft und politisches Handeln in der Zukunft
legitimiert.

Zehntens und letztens. Verweigerung als individuelle
Lebensstrategie gegen die totalen Ansprüche ist das
Bewußtsein des Demokraten. Und wenn auch, wie Rainer
Eppelmann es gesagt hat, die DDR und ihre Wirklichkeit
untergegangen ist, diese Verhaltensweisen gehen nicht unter.
Denn auch heute gibt es neue totale Ansprüche, die wir oft so
schwer identifizieren können, weil sie sich als Normalität
tarnen: die totalen Ansprüche der Nation der Deutschen, die
Ansprüche des Konsums, einer totalen Wahrheit in vielen
versteckten kleinen Dingen, die wir meist gar nicht mehr
wahrnehmen können.

Auch hier gibt es eine Verweigerung, die Teil und
Grundlage der demokratischen Ordnung ist, und auch das, was
in der DDR geschehen ist auf unserem Weg zwischen Anpassung
und Verweigerung, muß von daher gesehen werden. Und ich
denke, da können wir - trotz allem Versagen  - auch sehen,
daß die demokratische Entwicklung bei vielen einzelnen
Individuen schon längst vor der Revolution im Herbst 1989
begonnen hat.

(Beifall)

Vorsitzender Rainer Eppelmann: Ganz herzlichen Dank an
Herrn Neubert.Wir bitten den nächsten Referenten, Herrn
Wolfgang Templin, zum Thema "Mobilisierungsstrategien und
politische Bewußtseinsbildung im realen Sozialismus".

Sv <u>Wolfgang Templin</u>: Sehr geehrter Herr Vorsitzender!
Meine Damen und Herren! Ich hoffe, Ihnen hat die
ambitionierte Formulierung meines Themas nicht ähnlich wie
mir den Angstschweiß förmlich in den Nacken getrieben. Ich
hatte die ganze Zeit nur die Hoffnung, Ihnen glaubhaft machen
zu können, ich würde das Thema nicht ganz so kompliziert
anpacken oder dies wenigstens versuchen. Aber ich habe jetzt
schon gemerkt, daß das, was ich Ihnen sagen möchte, zu den
Eingangsworten von Rainer Eppelmann und zu dem, was Ehrhart
Neubert vor mir sagte, in einem, so denke ich, guten Kontrast
steht.

Denn mich hat, dem Thema der Frage gewissermaßen von der
anderen Seite her angenähert, in der Vorbereitung auf heute
noch einmal sehr intensiv die Frage beschäftigt: Was hielt
eigentlich bei und trotz allen Befunden, die man heute über
den maroden Zustand nahezu aller gesellschaftlichen Bereiche
dieser DDR hat, diese Gesellschaft bis zum Schluß nach außen,
aber auch vom inneren Eindruck her doch relativ stabil
beieinander, bis es dann zu den Ereignissen von 1989 kam? War
es wirklich nur das abgestufte Repressionssystem? War es
wirklich der durchorganisierte Kontrollstaat mit seinem Druck
und der Lähmung, die er erzeugte? Oder war es nicht diese
Kombination, die sich auch in meinem Titel mit ausdrückt, von
im einen Extrem offenen Privilegien, abgestuften Belohnungen
und einer Identifikationsvielfalt, die von den herausgehobe-
nen Existenzen der politischen Herrschaftssphäre wiederum bis
in die Alltäglichkeit reichte?

Ich kann Kritiker und Kritiken einer Vereinfachung in
der Darstellung der DDR-Geschichte bis zu einem gewissen
Grade sehr gut verstehen, wenn sie sagen: Hört endlich auf,
die DDR nur schwarz-weiß zu sehen; hört endlich auf, die DDR-
Geschichte auf Repression und Stasi einzuschränken und zu
begrenzen! Ich denke, die Grautöne, die Zwischentöne sind
wichtig genug. Nur genau sie - das hat auch Ehrhart Neubert
schon ausgeführt -, genau diese Zwischentöne werden uns nicht
in die Gleichförmigkeit der gleichen Existenzen und des von
außen Bedingtseins führen, sondern sie werden die

Möglichkeiten für Entscheidung, aber auch die Verhinderungs-
gründe für Entscheidungen und die Möglichkeiten,
Entscheidungen, die eigentlich für den einzelnen lange
anstanden, jahre- oder auch jahrzehntelang hinauszuschieben,
deutlich machen.

Meine Kernthese ist, daß einem abgestuften System von
Repressionen, das am einen Rand aktiver werdende Verweigerer
bis hin zu den am härtesten angegangenen Oppositionellen
betraf, eine Kombination von Belohnung und, psychologisch
würde man sagen wollen: fortgesetztem Drohen mit dem
Liebesentzug entsprach. Und das diente dazu, einen großen
anderen Teil der Bevölkerung - die ich nicht so gern in das
passive Wort "Anpassung" subsumieren möchte, weil sich
hinter der Haltung, die "Anpassung" oft meint, viele
Aktivitätsgrade verbergen - im Grunde genommen in einem
System anderer Art von Kontrolle zu halten, als es das
äußere Bild suggeriert. Das äußere Kontrollbild legt den
Eindruck zu nahe, daß es um totale Gleichschaltung ging. Ich
denke, in der Geschichte der DDR - und ich habe hier die
siebziger und achtziger Jahre vor Augen - war die mögliche
Spielregelverletzung, d.h. das, was in den fünfziger und
sechziger Jahren noch als tabuisiert galt, was auf keinen
Fall geschehen durfte und mit harten Sanktionen geahndet
wurde, relativ weit gediehen - diese eingeschränkte
Spielregelverletzung, die im privaten Bereich immer an dem
vorher geforderten Anpassungsstandard gemessen wurde.

Anders, als es dem äußeren Betrachter zunächst
erscheint, war die Hauptsorge der Kontroll- und Repressionsstrategien nicht darauf gerichtet, Spielregelverletzung oder
die innere Distanz des jeweils Betroffenen möglichst
auszuschalten, sondern vorherzusehen, bis zu welchem Grad
eigentlich der Abstand reicht, und sich mit einem
kontrollierten Abstand des Betreffenden zufriedenzugeben. Um
es von der anderen Seite zu verdeutlichen: Der dem System
viel näher stehende Funktionär, der sich die Hacken abrannte
und immer und immer wieder die verrücktesten Sachen
anstellte, um für das System etwas auf die Beine zu stellen,

konnte unter Umständen zum viel schwierigeren Fall werden,
weil er in seinem Eifer dann tatsächlich nach verschiedenen
Seiten hin überzog. Der Zyniker, der eine große innere
Entfernung zum System hatte, der privat daraus überhaupt kein
Hehl machte, der aber klug und gerissen genug war, zu wissen,
wo die Grenze ist, die er überhaupt nicht übertreten darf,
wurde in der Regel selbst in einigermaßen prominenter
Stellung in Ruhe gelassen, wenn man davon ausgehen konnte,
daß er den Bereich, in dem er sich dieses Nischenverhalten,
diesen Zynismus oder auch die interne Kritik erlauben kann,
einigermaßen einhält.

Es gibt eine ganze Reihe von prominenten Gestalten der
DDR-Geschichte - ich meine nicht nur die oft zitierten
Künstler, ich würde mich aus meiner eigenen Erfahrung stärker
auf den Intellektuellen- und Wissenschaftlerbereich stüt-
zen -, denen man, um der offenen Konfrontation und dem
möglichen Bruch, der dann anstand, entgegenzuwirken, über
Jahre und Jahrzehnte förmlich goldene Brücken baute. Man
sicherte ihnen Arbeitsmöglichkeiten, man sicherte ihnen die
Möglichkeiten von interner Bewegungsfreiheit, also nicht nur
die äußere Reisefreiheit, hervorragende Arbeitsbedingungen
und sogar den Ruf, ein kritischer Geist zu sein.

Genau das war ja nicht nur der Raum, den man zugestand,
sondern hier greifen die Kontroll-, Repressions- und
Mobilisierungsstrategien ineinander ein. Ein kalkuliert
kritischer Intellektueller, der an einer bestimmten Grenze
haltmachte, aber gleichzeitig den Spielraum, den er auf Grund
seiner eigenen Situation oder Biographie besaß, voll ausfuhr,
also sich nicht überanpaßte -, ein kalkuliert kritischer
Intellektueller war für dieses Mischsystem von
Kontrollfunktion, von Repression und gleichzeitig von
Bindungskräften, die man bis zum Schluß organisieren wollte,
viel wertvoller.

Ich meine Leute wie - um die bekanntesten zu nennen -
Jürgen Kuczynski oder seine Schwester Sonja Werner mit ihren
bekannten Romanen auf der Grenze zwischen Schriftstellerin
und Publizistin -, Leute mit einer bewegten Biographie, die
im Grunde genommen der Entscheidungsfrage, die sich

vielleicht irgendwann einmal an sie herangeschoben hatte -
Wie gehe ich mit diesen Erkenntnissen und Entscheidungen um,
kann ich damit überhaupt noch das Agreement, das Sich-
Anpassen durchhalten? - mit all ihren Kenntnissen, ihrem
Erfahrungshintergrund über die Jahrzehnte hinweg nicht nur
auswichen, sondern sie um einer anderen, für sie wichtigen,
höheren Bindung an das allgemeine Bild willen zurückstellten.
Mit dem, was sie produzierten, machten sie eines möglich:
machten sie es möglich, daß eine ganze Anzahl Jüngerer,
Kritischer, Drängender, die auf der Schwelle standen, die
eigenen Kenntnisse, die eigene Ernüchterung entweder in
Zynismus umzuwandeln oder aber die Fragen weiter zu stellen,
sich bei dieser Selbstberuhigung, bei der halben Erkenntnis
und vor allem bei der Grenze aufhalten ließen, die hieß: Wann
schlägt Erkenntnis über das System, über seine
Funktionsmechanismen, über die Geschichte des realen
Sozialismus, wann schlagen Ernüchterung und Abstand
tatsächlich in etwas anderes um als in die Kopie dieses
Aufgeklärt-Kritischen in Grenzen?

Ich habe in einem anderen Vortrag an diesem Wochenende
zugespitzt formuliert: Die Entscheidung, über die Kategorie
von innerer Emigration und Abstand hinauszugehen und sich zur
aktiven Verweigerung oder gar zur Opposition zu entschließen,
war keine der gewachsenen Erkenntnis über das System oder des
Realismus, sondern es war eine existentielle. Sie hatte mit
biographischen Erfahrungen und oft - denke ich auch - mit
Erschütterungen zu tun; es war vor allem keine, die sofort
und plötzlich kam, sondern sie konnte sich z. T. sehr lange
hinziehen. Der eine hat sie auf Grund bestimmter äußerer und
innerer Umstände vielleicht sehr früh vollziehen können,
andere - ich sehe mich selbst in dieser Situation - haben
doch viel länger dafür gebraucht und erst dann im Grunde
genommen die drängende Konsequenz zur Entscheidung verspürt.

Genau die Versetztheit solcher Entscheidung, die
Zeitabläufe, die dabei eine Rolle spielten, das innere Für
und Wider, wurden in den Mobilisierungs-, Integrations- und
Repressionsstrategien einigermaßen realistisch einkalkuliert.

Es war ja überhaupt nicht so, daß die Leute, die mit einem
wachsenden inneren kritischen Abstand durch Observierung,
durch Information, die das System dann natürlich hatte,
bekannt waren, sofort mit der Schärfe der möglichen
Sanktionen oder auch nur mit permanentem Druck rechnen
mußten. Sie wurden nicht in jedem Moment zur vollen
Reintegration oder zur Zurücknahme ihres inneren kritischen
Potentials gefordert. Das ging ganz anders. Man konnte sie
über relativ lange Zeit, vor allem als jüngere Intellektuelle
oder Angestellte, scheinbar in Ruhe lassen. Man ließ sie in
einer Ecke schmoren, gab ab und an zu verstehen, daß sie im
Grunde genommen nicht unbeobachtet sind, daß man ihre
weiteren Lebensentscheidungen sehr wohl im Auge hat und daß
sie eigentlich wissen müßten, wofür und wogegen sie sich
entscheiden.

Ich hatte selbst eine ganze Reihe von Jahren, wo mir
heute, wenn ich die Akten im nachhinein durchgehe, klar ist:
Die Entscheidung, einen Absolventen der siebziger Jahre wie
mich, der sich selber aus der inneren Bindung zur Partei, aus
der äußeren Bindung an die Staatssicherheit bereits strikt
gelöst hatte, mit der Distanz weiterleben zu lassen, ihm das
Zugeständnis, daß er sich permanent wieder identifizieren
muß, zu ersparen, sondern ihn wieder in einer gewissen Nische
zu lassen, hing mit der Erfahrung zusammen, solche
Entscheidungen nicht als von vornherein zwingend in die eine
oder andere Richtung anzunehmen, sondern davon auszugehen:
Ein Großteil dieses kritischen Potentials läßt sich über
längere Zeit dann doch wieder stillegen, läßt sich
reintegrieren.

Ich erinnere mich sehr gut der Situation, als ich im
Sommer 1980 - ich mußte vorhin daran denken - mit dem
Mitglied der Enquete-Kommission Armin Mitter in den Wäldern
des Erzgebirges saß als einer dieser Jungakademiker, die man
im Grunde genommen ab und an in solche Bewährungssituationen
hineinschickte, denen man die weitere Kaderentwicklung
möglichst hoch hing, um ihnen zu sagen: Ihr habt den Rahmen;

wir sind im Hintergrund vorhanden; wie ihr euch entscheidet,
ist eure Sache. Hier wurde also auch noch so etwas wie ein
Selbständigkeit suggeriert. Für jeden, der dann - und die
Entscheidungen konnten ja vielfältiger Art sein - auch mit
einem relativ hohen kritischen Potential des Anfangs den Weg
der weiteren Anpassung oder des sich aktiv in eine Karriere,
in eine Laufbahn oder in eine neue Identifikation
Hineinfindens wählte, wurden allerdings - auch das gehört zu
diesem abgestuften strategischen System - die Bedingungen
etwas höhergehängt. Wer der Partei, der Gesellschaft, dem
Staat, dem offiziellen Teil der Gesellschaft signalisierte:
Ich lege die Jugendsünden ab, ich bin bereit, die innere
Trennlinie zwischen passiver und aktiver Verweigerung zu
akzeptieren, ich bin bereit zurückzukommen, der wurde, um
seiner neuen Bindung sicherzugehen, um seine Abhängigkeit zu
verstärken, nicht so einfach wiederaufgenommen, er mußte sich
einem ebenso abgestuften System von nicht direkten
Bewährungsproben, aber von Bindungsleistungen unterziehen.
Ich habe in meiner eigenen Entwicklung genügend staatliche
Leiter, aber auch Staatsvertreter erlebt, die förmlich darauf
spezialisiert waren, die in ihrem Umkreis jeweils
störrischsten und unbequemsten Mitarbeiter, von denen sie
aber wußten, daß sie bleiben wollen, daß sie nicht
ausbrechen, für die ideologische und z. T. politische
Dreckarbeit heranzuholen - nicht aus Infamie oder
persönlicher Niedertracht. Die Überlegung war ganz
kalkuliert: Wenn ich diese Leute wirklich an mich binden
will, muß ich sie über die ritualisierten
Anpassungsleistungen hinaus, über das hinaus, was ich den
normalen Menschen, die nicht unbedingt ausbruchsverdächtig
sind, zumute, im Grunde genommen an Formen der aktiven
Komplizenschaft heranführen, d. h. ich muß von ihnen etwas
verlangen, was vielleicht von anderen nur mit viel höheren
Privilegien getan wird.

Ich habe, teils durch das jetzt mögliche Aktenstudium,
teils durch Vergleich mit anderen Erfahrungen und viele
Gespräche, mitbekommen: Es gibt auch auf der Skala dieser
Graustufen, von denen ich sprach, wo es dann wirklich

eindeutiger in Richtung Schuld und Verantwortung geht, noch
sehr viele Abstufungen, von denen ich mir früher in dieser
Ausgebreitetheit und Intensität tatsächlich nicht träumen
ließ. Ich habe z. B. - und hier ist die Kritik scheinbar
wieder richtig, nicht alles in Täter-Opfer-Kategorien im
einfachsten Sinne aufzulösen und nicht nur zu sagen: Da sind
die Offiziere, da sind die IM - die sehr breite Kategorie der
freiwilligen oder nur durch einen leichten Motivationsschub
ermunterten Zuträger und aktiven Helfershelfer der Partei und
Staatssicherheit über die Akten noch einmal aufnehmen können.
Es gibt einen derart zahlreichen Personenkreis, teils als
Kontaktpersonen eingestuft, also überhaupt nicht in der Form
und der Art und Weise von IM direkt verpflichtet, sondern als
staatliche Leiter, als Verantwortungsträger oder als
Hochschullehrer direkt in ihrer Funktion oder in ihrer
politischen Verantwortung angesprochen, und zwar nicht nur um
Informationen und Berichte, sondern direkt in ihrer Einfluß-,
ihrer Einwirkungsmöglichkeit angesprochen.

Es gibt relativ wenige Beispiele für das Ansinnen, eine
unbequeme Person entweder im genehmen Sinne als staatlicher
Vorgesetzter zu beeinflussen oder aber sie zu isolieren oder
im schlimmeren Falle dann als jemand, der über soziale
Lebensumstände entscheiden konnte, dieser Person - was für
Oppositionelle gedacht war - das alltägliche und soziale
Leben schwerzumachen. Hier bedienten sich die Staatssicherheit und die dafür letzverantwortlichen Instanzen der Partei
über die gängigen Kategorien weit hinausgehender Formen von
tatsächlicher Ad-hoc- und mittelbarer Zusammenarbeit.

Eines der für mich letzten und auch gravierendsten
Beispiele - ich habe allgemeiner schon an anderen Stellen
darüber gesprochen, jetzt habe ich das Dokument erstmals
wieder richtig in die Hand bekommen - betrifft ein Gutachten
von drei Professoren über den "Grenzfall", das Oppositions-
blatt der Initiative für Frieden und Menschenrechte, wo in
Vorbereitung eines geplanten Prozesses gegen den Kern der IFM
von diesen drei Hochschullehrern Auskunft über die Staats-
und Gesellschaftsfeindlichkeit von "Grenzfall" erwartet wird.

Das für mich jetzt noch einmal Verblüffendste: In dem
gesamten Dokument spielt Staatssicherheit nicht die geringste
Rolle. Es ist ein ganz normales Auftragswerk der General-
staatsanwaltschaft. Es sind ganz normale Gutachter-
situationen. Ob oder in welcher Weise hier die Staatssicherheit im Hintergrund firmiert, kann man aus diesem Vorgang
überhaupt nicht ablesen. Es ist durchaus möglich, daß der
eine oder andere dieser Akademiker heute, nach formalen
Kriterien gefragt, erklärt: Zusammenarbeit, wie hier
angegeben, ist überhaupt nicht passiert.

Man könnte die Beispiele weiter vermehren. Um noch
einmal auf einen bereits von Ehrhart Neubert angerissenen
Sachverhalt zu kommen: Das weiterhin auch durch die neuen
Informationen erst hervorgerufene Verwundern darüber, was die
DDR so stabil machte, hängt nicht nur mit der Streuung der
positiven Belohnung und der negativen Sanktionen zusammen,
sondern mit dem für mich selbst in dieser Intensität auch so
überraschenden Phänomen, nämlich dem Überschuß an
vorauseilender Anpassung und tatsächlich immer noch
vorherrschender Identifikationsbereitschaft bis zum Schluß.
Ich weiß nicht, ob das mit dem genannten "Pathos hehrer
Ziele" so ist, wie man es sich jetzt manchmal vorstellt, daß
das nur noch eine fast schon klappernde Illusion war, daß es
eigentlich keinen mehr so richtig innerlich berührte. Ich
glaube, wäre es so gewesen, wäre die Zahl von Zynikern und
Leuten, die sich nur noch kalkuliert abschotteten, wirklich
so groß gewesen, vielleicht wäre dann der Zusammenbruch
schneller gekommen.

Ich habe immer stärker den Eindruck bei allen
nachvollziehenden Beobachtungen, beim Studium der Unterlagen
und bei Gesprächen: Es muß bis zum Schluß eine Art Identifikationseffekt gegeben haben, quer durch die Generationen. Der
wird für die Aufbaugenerationen viel stärker und dichter
gewesen sein als für die Jüngeren; aber es muß auch für die
Jüngeren noch einen Bezugs- und Identifikationseffekt gegeben
haben, der sich vielleicht den plumpesten Formen von ML-
Doktrination entzog, diese belächelte, aber dann eben auf

Bücher wie von Kuczynski, auf Sonjas Rapport, aber auch auf
die Lieder des Barrikaden-Taubers um so stärker reagierte.

Ich hatte - wie durch einen Zufall - am gleichen
Wochenende jetzt Gelegenheit, eine Kassette zu hören, auf der
die Lieder von Ernst Busch waren, und mir ist dabei innerlich
noch einmal klar geworden, wie sehr und an wieviel
verschiedenen Punkten die einzelnen - melancholisch oder
vielleicht doch ein Stück Wirklichkeit verdrängend - hier
noch gegeben bekommen haben: die Lieder vom Schützengraben,
vom Kampf in Spanien, von den Internationalen Brigaden. Wer
da nicht die Bücher von den tatsächlichen historischen
Prozessen, die damals abliefen, von den Erschießungen hinter
Front neben sich hatte, der war entweder bei der
antifaschistischen Legende oder bei diesen Erzählungen oder
bei den Personen, die das immer noch nach außen glaubhaft zu
verkünden suchten, immer wieder in der Gefahr, nicht aus
Bequemlichkeit oder Anpassung, sondern doch aus einem Stück
vielleicht schon widerwilliger innerer Bindung an irgend
etwas aus diesen Angeboten, aus diesen Dialogen
weiterzumachen. Ich könnte mir sonst die hunderttausendfache
Teilnahme an den Delegationen, an den Demonstrationen, die
Teilnahme von Jugendlichen, ebenfalls hunderttausendfach, im
Oktober eigentlich nicht mehr erklären.

Das Gegenbild, das danach entstand, das die furchtbare
Desillusionierung und den schnellen Zusammenbruch erzeugte
und beförderte, gehört dazu. Aber ich denke, wenn man das
lange Nachwirken und das Wiederaufleben von DDR-Nostalgie
jetzt erklären will, wenn man einen Großteil der inneren
Zerrissenheit der jüngeren Generation und des nachholenden
Kampfes mit der Generation der Väter und Großväter verstehen
will, dann muß man auch von dieser Binde- und Prägekraft
ausgehen.

Was konnte der Teil der Bevölkerung, der sehr kleine
Teil der Bevölkerung, der den Repressionsstrategien, nicht
mehr den Verführungsstrategien und auch nicht mehr den
Stillhaltezumutungen ausgesetzte Teil, was konnte die
Opposition, die direkt mit der Repression leben mußte und

damit zu leben versuchte, diesem abgestuften System
entgegensetzen? Ich denke, auch hier ist der heutige Blick im
nachhinein in der Lage, viel an eigenen damaligen Illusionen,
falschen Hoffnungen und auch verstelltem Blick des Moments
freizulegen. Eine Hoffnung - und heute Illusion -, die ich
damals ganz stark hatte und, so nehme ich an, mit vielen
teilte, war, es könnte uns gelingen, diese Strategie, diese
vielgliedrige Strategie, die hieß, uns, den aktiven Kern der
Opposition, zu isolieren und abzuschotten und von all denen
fernzuhalten, die vielleicht im Kopf mit uns sympathisierten,
aber sich nicht raustrauten, abzuwehren. Ich hatte die
Hoffnung, durch mehr Öffnung und mehr Öffentlichkeit könnten
wir tatsächlich die Brücke schaffen und herstellen.

Das mag in einem ganz großen und vermittelten Sinne auch
stimmen; im direkten Sinne hat es ganz schwer oder gar nicht
funktioniert. Die Leute, die wirklich den Weg zu uns gefunden
haben, waren entweder in einer biographischen Ausnahme-
situation, daß man sie nicht sofort abfing, d.h. sie hatten
manchmal Deckung und Schutz durch ihr Elternhaus; sie waren
aber oftmals diejenigen, die vorgaben, sie könnten so
zwischen uns und der normalen Realität hin- und herpendeln;
und ich sehe heute bei einem Großteil dieser Behauptungen die
Legende dahinter: Natürlich waren sie mit dieser Legende
geschickt worden, und wir waren so vermessen, uns einzubil-
den, der Personenkreis, der selbstbewußt zu uns kommt und
noch ein Alltagsleben hat, könnte größer sein, als es
tatsächlich möglich war.

Auch hier - und das ist ein Lernen der SED und der
Staatssicherheit von osteuropäischen Erfahrungen - war in der
Strategie eingebaut: Bevor die unnachgiebigsten und
uneinsichtigsten Vertreter der Opposition dann endgültig
rausfliegen, bevor man zum letzten Mittel der juristischen
Verfolgung greift, wird zunächst einmal die politische und
soziale Isolation und Abschnürung perfektioniert und nach
außen hin dichtgemacht. Was wir wahrscheinlich nicht
begriffen haben: Wie aufmerksam und wie tatsächlich auch im
Sinne des Gewollten reagierend die übergroße Mehrzahl der

Leute diese Linie erkannte und eigentlich einhielt, eine
Linie, die zum Schluß nicht mehr hieß, daß man in keine
Kirche konnte, aber eine Linie, die doch den direkten Kontakt
mit Oppositionellen oder gar Formen der Zusammenarbeit
unmöglich machte.

Wenn ich das als Teil, der uns gewissermaßen von außen
die Verbindung zur Gesellschaft nahm, charakterisiert habe,
dann gab es den nächsten und, wenn man so will, noch engeren
Ring von Repression, der aber tatsächlich in uns hinein-
dringen sollte, und der hieß: Leuten, die all diesen Stufen,
die ich beschrieben habe, entweder nie ausgesetzt waren - mit
einer anderen Biographie - oder die diese Stufen schon
zurückgelegt hatten, die sich gegen die Anpassung, gegen die
Nische, für eine aktive politische Arbeit und für die offene
Opposition entschieden hatten, mit den bis zum Schluß
vorhandenen schärfsten Instrumenten der Repression zuzusetzen
und die Formen, die man anwandte, nicht etwa, wie manchmal
wohlmeinend interpretiert wird, zum Schluß durch eine Art
Liberalisierung oder gar Humanisierung milder als zu Anfang
gemacht zu haben, sondern die Formen im Grunde genommen auch
nach berechnetem Kalkül einzusetzen, also immer abzuwägen:
Wie wirksam ist ein Berufsverbot? Wie wirksam ist die Störung
des Privatlebens? Wie wirksam ist das Setzen auf die
psychische Anfälligkeit des Betreffenden? Wie wirkt eine
konzentrierte Observation? Wie wirkt das Ausspielen der
Situation der einzelnen gegeneinander im Hinblick auf den
beabsichtigten Effekt? Wann nützt auch das nichts? Wann muß
ich zu offen kriminellen, auch nach DDR-Verständnis offen
kriminellen Handlungen, wie diesen anonymen Verleumdungs-
aktionen - etwa wie die Postkartenaktion bei Rainer Eppelmann
und auch bei mir, wie die sexuellen Schweinereien und vieles
andere - und zu der tatsächlichen Bedrohung von Leib und
Leben, die es ja auch bis zum Schluß gab, greifen, um mir die
tatsächlich entscheidende Herausforderung, auch für die
Staatssicherheit oft entscheidende Herausforderung der
direkten juristischen Konfrontation zu ersparen?

Daß es in der Endzeit der DDR sowenig dazu kam, hängt,
denke ich, mit dem Ausbau der Vorfeldmechanismen zusammen,
also mit der Chance, bereits dort viele Leute abzufangen und
vor der letzten Konsequenz zurückzuhalten. Es hängt damit
zusammen, daß man mit dieser relativ kleinen Opposition nicht
nach der Methode von großen, harten Schauprozessen vorgehen
konnte und letztlich dann auch nicht wollte, sondern meinte,
mit den Methoden dieses hier in Ausschnitten vorgestellten
Repressionsinstrumentariums die Sache in der Entwicklung und
unter Kontrolle zu halten.

Daß dies letztlich nicht gelang, würde ich nicht so sehr
dem historischen Verdienst der DDR-Opposition zuschreiben -
sie hat vielleicht ihren Teil daran -, sondern anderen
Umständen, die dann allerdings die Akteure auf den
verschiedenen Seiten, die Akteure der Opposition, die Akteure
der Repression, aber auch die Beteiligten an Verweigerung, an
den Formen der offenen und verdeckten Anpassung und
Komplizenschaft in eine ganz andere Situation hineinstürzten,
allerdings in eine Situation, in der die Frage der offenen
Entscheidungsfähigkeit, wie sie heute da ist, einen eher in
den Stand versetzen müßte, rückblickend zu fragen und zu
formulieren, und zwar nicht: Was hat damals Entscheidung
unmöglich gemacht?, sondern umgekehrt: Was hat auf Grund
dieser anderen Bedingungen, der Bedingungen der Diktatur,
solch eine Vielfalt von Entscheidungen, von Grautönen neben
den scharfen Tönen von schwarz und weiß eigentlich möglich
gemacht? Was hat die einzelnen Schritte verhindert oder
ermöglicht? Ich glaube, im Fragen, im Suchen danach sind wir
weiter am Anfang, und ich hoffe, daß wir vielleicht auch in
diesen Tagen ein Stück zur Antwort darauf beitragen.

Danke.

(Beifall)

Vorsitzender Rainer Eppelmann: Herzlichen Dank auch
Wolfgang Templin. Wir haben jetzt noch 30 Minuten Zeit, um
den beiden, denen wir jetzt zugehört haben, Fragen zu
stellen, die angesprochenen Probleme zu erweitern oder zu
vertiefen. Ich bitte Sie um Ihre Signale, daß Sie fragen oder
etwas dazu sagen wollen. Wenn Sie reden,  bitte ich Sie
deutlich zu machen, wen von beiden Sie fragen.
    Erste Meldung: Gert Weisskirchen.


Gert Weisskirchen (Wiesloch) (SPD): Ich habe eine Frage
an beide. Ehrhart Neubert hat ja, wenn ich es richtig sehe,
versucht, von der persönlichen Betroffenheit der einzelnen
aus das Feld etwas genauer zu strukturieren und hat, wie ich
finde, mit Recht die innere Schwebelage gezeichnet zwischen
widerspenstigem Opportunismus auf der einen Seite und
angepaßter Rebellion auf der anderen. Wolfgang Templin hat
die sozialen Mechanismen hinter Gratifikation und Sanktion
offenbar gemacht und den gesamten Repressionsapparat in allen
Differenzierungen dargelegt.
    Beide treffen in einem Punkt an den Kern der Sache, und
hier möchte ich nachfragen. Wolfgang Templin hat das so
bezeichnet, daß eine existentielle Entscheidung notwendig
war: Wohin gehe ich? Zum Widerstand? Oder verharre ich in
dieser Schwebelage, wie es die Mehrheit der DDR-Bevölkerung
erlitten oder erlebt hat?
    Das wollte ich genauer wissen: Was war der Punkt? Ist er
in der einzelnen Biographie aufscheinbar, oder hat es etwas
mit Zielen zu tun, die für den einzelnen als Individuum
wichtig sind oder wo er etwas mit einem anderen gesellschaftlichen Entwurf verbunden hat? Wo war der existentielle Punkt,
der für einen selber ausmachte: Hier kann ich nicht anders,
hier durchbreche ich alle Mechanismen, die ich kenne, und
entscheide mich selbst?


Vorsitzender Rainer Eppelmann: Ich möchte mehrere Fragen
zulassen. Als nächste Angelika Barbe.

Angelika Barbe, (SPD): Ich möchte zu einem Punkt
nachfragen. Wolfgang Templin hat deutlich gemacht, daß diese
soziale Isolation der Opposition dazu führte, daß die Bürger
in der DDR von der Opposition abgeschottet wurden; denn sie
hatten Angst: Wenn ich mich mit denen einlasse, geht es mir
ähnlich. Diese Mechanismen wirkten also in dieser Richtung.

Für mich ist jetzt die Frage: Kannst Du bestätigen,
Wolfgang, ob diese Mechanismen noch heute wirken? Ich habe
bei Unterschriftenaktionen, z. B. zu Verfassungsfagen,
erlebt, daß Leute mir sagen: Ich trau mich nicht zu
unterschreiben, weil ich Angst habe, daß meine Daten wieder
gespeichert werden und mir irgendwann schaden. Da sehe ich
eine Weiterwirkung dieser Repressionsmechanismen.

Danke.

Dr. Hermann Weber: Eine Frage an Herrn Neubert. Sie
haben ja gezeigt, wie die Nischengesellschaft wirkt. Können
Sie auch etwas dazu sagen, wie der Kampagnencharakter dieses
Systems sich auf das ausgewirkt hat, was Sie dargestellt
haben?

Eine andere Frage an Herrn Templin. Was Sie zum Schluß
anführten, waren ja z. T. auch emotionale Bindungen. Die
Frage ist nun, wenn man das Ganze nicht so sehr von den
Unterdrückten her sieht, sondern als Mobilisierungs-
strategie, wie sie von oben her kam. Da hatten wir doch
eine Vielfalt. Ich darf die drei wesentlichen nennen: Wir
haben auf der einen Seite die Versuche ideologischer
Indoktrination. Da wäre schon die Frage, inwieweit hier
überhaupt emotionale Bindungen geschaffen werden konnten. Es
gibt natürlich die Repressalien, den Unterdrückungsapparat.
Aber die Grauzone, die Sie nennen, hängt doch wohl sehr stark
mit dem Versuch der Neutralisierung, wie ich es nennen würde,
zusammen, d. h. daß das System selber bestrebt ist, nicht nur
Gegner niederzuhalten und Anhänger zu gewinnen, sondern eine
große Schicht neutral zu halten. Könnte man das verbinden?

Vorsitzender Rainer Eppelmann: Ich möchte Sie, aus dem
Auditorium, bitten, den älteren Herrn mit dem braunen Sakko.

Ich bitte Sie, an ein Mikrofon zu treten und zu Beginn Ihren Namen zu nennen.

Herr Bude: Mein Name ist Roland Bude. Ich lebte 1946 bis 1950 in der SBZ/DDR.

Zur Frage der Mobilisierung der Massendemonstrationen. Zumindest in der ersten Zeit war das eine Sache der allgemeinen Verhaltensweise. Ich habe selber an der Demonstration von 57 000 FDJlern zum ersten Pfingsttreffen 1950 in Berlin teilgenommen. Warum fuhren wir dahin? Wir kamen aus Rostock erstmals nach Berlin. Was lockte uns in Berlin? In Berlin lockte uns natürlich West-Berlin. Und einem meiner Freunde in Ost-Berlin gingen bald die weißen Hemden aus, die er uns lieh, denn wir kamen ja in Blauhemden an.

Ich weiß nicht, inwieweit dieser immanente Systemzwang sich auch in den letzten Jahren der DDR ausgewirkt hat. Wenn ich 1985 bis 1988 meine Freunde in Rostock gefragt habe, warum sie in der BGL-Versammlung diese Probleme nicht aufgreifen, haben sie gesagt: Die Versammlungen sind am Freitag um 14.00 Uhr angesetzt; jeder von uns, die wir dagegen sind, wird schon scheel angeguckt, wenn er eine Frage stellt. Es gibt sowieso nur Blabla!

Das wollte ich, Herr Vorsitzender, ermutigt durch Ihre Hinweise, dazu beisteuern, wie der einzelne den Alltag empfunden hat.

Vorsitzender Rainer Eppelmann: Herzlichen Dank.

Auf meiner Liste sind noch zehn Menschen; der elfte kommt soeben dazu. Ich bitte Sie, damit einverstanden zu sein, daß ich dann die Rednerliste schließe, weil wir es sonst nicht schaffen. Wir müssen ja auch den beiden Gefragten noch einmal die Möglichkeit geben zu antworten. - Hier kommt noch jemand hinzu.

Der nächste ist Dr. Ullmann.

Dr. Wolfgang Ullmann (BÜNDNIS 90/DIE GRÜNEN): Meine Frage geht an Herrn Neubert. Sie haben, denke ich, die

Kategorien "Anpassung" und "Verweigerung" sehr überzeugend
dargestellt. Ich möchte mich meinem Vorredner anschließen und
fragen: Sind wir mit diesen beiden Kategorien schon beim DDR-
Alltag? Denn die politische Alternative Anpassung oder
Verweigerung gab es ja immer nur in bestimmten Situationen,
z. B. wenn die Kinder zu den Pionieren gehen sollten, wenn es
um die Jugendweihe ging oder wenn ein Junge herangewachsen
war und zur Musterungskommission sollte. Da stellte sich die
Frage nach Anpassung oder Verweigerung.

Davor gab es doch einen breiten Alltag, der genauso war,
wie es eben beschrieben wurde, wo es hieß: Bei uns ist das
eben so. Da stellt sich die Frage gar nicht: Verweigert man
sich, oder paßt man sich an?

Ich will ein Beispiel aus der eigenen Erfahrung
erzählen. Ich wurde einmal eingeladen, in der Studentengemeinde etwas vorzutragen zu der berühmten "Grundfrage der
Philosophie". Mein Referat lief darauf hinaus zu sagen: Das
ist Unsinn; die Grundfrage der Philosophie gibt es gar nicht,
sondern es gibt immer wieder neue Grundfragen der
Philosophie. Ergebnis dieser Truppe dort, der evangelischen
Studentengemeinde - es saßen bestimmt nicht die Angepaßtesten
dort -: allgemeiner Ärger über das, was sie von mir gehört
hatten, denn ich kam ihnen vor wie jemand vom Mond. Es hieß:
Wir haben schon genug Ärger im Alltag, jetzt kommt der auch
noch und stellt irgendeine Selbstverständlichkeit in Frage.

Die Reaktion in der DDR-Bevölkerung war häufig
ärgerlich, wenn jemand sagte: Muß das sein, daß man zu den
Pionieren geht? Denn ein breiter gesellschaftlicher, und zwar
unpolitischer, Konsens war im Alltag vorhanden.

Ich möchte Sie fragen, wie Sie diesen Konsens, der
offenkundig viel breiter war, als man heute im nachhinein,
post festum, anzunehmen geneigt ist, bewerten.

Stephan Hilsberg (SPD): Die Frage richtet sich an Herrn
Neubert. Es ist sehr schön, wie Sie dargestellt haben, daß
man gewissermaßen in dem Konflikt lebte, daß Anpassung gefordert

wurde, die hundertprozentig nicht möglich war und vermutlich
deshalb eine Quelle der Deformation.

Die Frage bezieht sich auf das Wort "Leistung". Ich
fände es ganz interessant, wenn man in dem Zusammenhang
"Widerspruch - Anpassung - Widerstand" den Wert der Leistung
mit einbezieht, weil es ein Grundwert ist, der nicht nur die
Deutschen im Westen, sondern auch im Osten beflügelt hat.
Nicht wenige gerade aus Westdeutschland haben den
Ostdeutschen Mangel an Leistungsfähigkeit vorgehalten.
Das spielt auch heutzutage eine Rolle. Insofern ist es sehr
wichtig, was da stattgefunden hat, weil das Ziel, etwas
leisten zu wollen, auch dazu geführt hat, daß man sich in den
Rahmen einpassen, sich also letztlich anpassen mußte. Das
System wurde auf die Art und Weise nicht besser gemacht, obwohl
man es im Grunde genommen wollte, so daß die
Leistungsfähigkeit insgesamt Grenzen hatte, man also in den
Widerspruch viel stärker hineingetrieben wurde.

**Markus Meckel (SPD):** Ich habe zwei Bemerkungen. Die erste
bezieht sich auf den ersten Vortrag, die zweite auf den
zweiten.

In bezug auf die Verweigerung wurde von Herrn Neubert
gesagt, daß das Risiko, wer sich verweigerte, nur selbst
trug. Ich bin der Meinung, das trifft in den allermeisten
Fällen zu, wenn auch nicht immer. Wichtig war für die
Grundhaltung dieses allgemeinen gesellschaftlichen
Konsenses, daß man eben nicht wußte, was passiert, wenn man
sich an einer Stelle verweigert oder öffentliche Kritik
übt. Ich erinnere mich an eine alte Frau, die sich nicht
traute - ich glaube es ging um die Wahl -, nicht zur Wahl
zu gehen, weil ihr Schwiegersohn bei der NVA Offizier war.
Er könnte in seiner Karriere behindert werden! Solche
Geschichten zeigen: Das Risiko trage ich nicht nur für
mich, sondern natürlich auch für die, für die negative
Folgen befürchtet wurden. Und es gab ja immer auch
Beispiele für Repressionen nach einer Verweigerung, etwa
zur Wahl zu gehen oder bei anderen mißliebigen Handlungen,
und sei es, daß man sein Kind in die Christenlehre schickt.

Das zweite zu dem, was Wolfgang Templin in bezug auf die
faktische Identifizierung sagte. Hier frage ich, ob es
nicht stärker daran hing, daß man sich eher privat
definierte als gesellschaftlich. Hier fand das Eigentliche
statt. Und alles, was mit Politik, Gesellschaft,
Öffentlichkeit zu tun hatte, bekam für die meisten dann
einen Charakter von Uneigentlichkeit. Ich habe erlebt, wenn
ich Jugendliche fragte, welche Themen sie interessierten,
und Politik und anderes nebeneinander aufgeführt war, daß
dann Politik nicht angekreuzt wurde; aber angekreuzt waren
handfeste politische Themen. Das war für mich ein typisches
Beispiel.


**Dr. Armin Mitter:** Ich habe eine Frage an beide
Referenten. Ich glaube, ein Faktor hat doch noch eine große
Rolle für alle diese Befindlichkeiten gespielt, die Sie hier
geschildert haben, und zwar der äußere Faktor. Inwiefern
würden Sie insbesondere die Akzeptanz der DDR im
internationalen Maßstab, auch durch die Bundesrepublik
Deutschland und deren politische Gruppierungen, bewerten?
Welchen Einfluß hat dieser Faktor auf die unterschiedlichen
Verhaltensweisen der DDR-Bevölkerung ausgeübt? Ist es nicht
so, daß gerade die wachsende Akzeptanz beispielsweise der
angeblichen Wirtschaftskraft der DDR in der Bundesrepublik,
wie sie uns sehr prägnant in unserer letzten Sitzung Herr
Gutzeit vorgeführt hat, eigentlich die Zweifel innerhalb der
DDR-Bevölkerung, ob sie überhaupt ihre eigene Umwelt richtig
wahrnimmt, gemildert hat? Oftmals war es so, daß jeder, der
in einem Betrieb arbeitete, natürlich wußte, wie es um den
eigentlichen ökonomischen Stand der DDR bestellt war. Hat
nicht gerade die Interpretation in der Bundesrepublik von der
wirtschaftlichen Stärke der DDR doch auch viele DDR-Bürger
davon abgehalten, sich kritischer über diesen Zustand zu
äußern? Und die wirtschaftliche Leistungsfähigkeit ist nur
ein Beispiel von vielen, die man meines Erachtens hier nennen
müßte.

Dr. Bernd Faulenbach: Zwei Fragen. Ich glaube, wir sind
von einer Verhaltensgeschichte der Menschen in der DDR noch
relativ weit entfernt. In beiden Vorträgen ist heute
vormittag die historische Dimension insofern zu kurz
gekommen, als man wohl davon ausgehen muß, daß sich das
Verhalten der Menschen im Laufe der Zeit verändert hat. Die
Repressionsmechanismen haben sich verändert und
dementsprechend mußten sich auch die Verhaltensweisen der
Menschen verändern. Greifen wir nicht zu kurz, wenn wir alles
auf eine Zeitebene projizieren? Wir haben es doch mit einem
Prozeß zu tun, der im einzelnen etwas stärker auszuleuchten
wäre.

Insbesondere an Herrn Neubert die Frage: Wenn wir
jetzt die Auswirkungen der verschiedenen Phasen sehen, müßten
wir auch für die letzten Jahre der DDR die verschiedenen
generationellen Prägungen mit sehen. Ohne daß wir die
Kategorie von Generationen einführen, könnten wir vermutlich
ein derart komplexes Thema, wie wir es hier haben, nicht
hinreichend erfassen. Deshalb noch einmal die Frage:
Müßten wir nicht stärker die Zeitdimension und die durch den
Zeitablauf gegebene Unterschiedlichkeit der generationellen
Prägung einbeziehen?

Die zweite Frage, die an Herrn Templin gerichtet
ist: Natürlich sind die integrativen Mechanismen stärker zu
berücksichtigen, als das häufig in der öffentlichen Meinung
geschieht. Man hat es dabei einmal mit Faktoren wie etwa
Antifaschismus zu tun, die in ihrer Funktionsweise noch
einmal auszuleuchten wären; zum anderen mit dem banalen
Tatbestand, daß im Alltag so etwas wie die normative Kraft
des Faktischen gilt. Mann kann nicht stets irgendwie immer
alles in Frage stellen. Es gibt Alltagsgesetzlichkeiten,
die auch Notwendigkeiten und Zwänge implizieren, an die man sich
irgendwie anlehnen muß, denen man nachgeben muß. Dieser ganz
banale Tatbestand der normativen Kraft des Faktischen wäre
doch wohl auch mit in die Betrachtung der Verhaltensweisen
einzubeziehen.

Was die Mobilisierungsstrategien angeht - das
wäre meine Frage -, müßten wir schon in der Lage sein, zu

benennen, wo diese Strategien jeweils entwickelt worden sind.
Deshalb meine Frage, Wolfgang Templin: Können wir die tatsächlichen Strategien nachweisen, die in den verschiedenen Bereichen
durch die entsprechenden Kader und Kaderanleitungen ausgearbei-
tet worden ist? Oder ist das, was hier von Wolfgang Templin vorgetragen wurde, eine Abstraktion aus den Erfahrungen, die er
hat? Können wir auf der Ebene des Systems die entsprechenden An-
leitungen greifen, die diese Integrationsstrategien gleichsam
zum Ziel gehabt haben?

Noch eine kleine nachgeschobene Anmerkung. Recht gut fand
ich im Vortrag von Neubert, daß er die Frage der Bewertung dieses Verhaltens einmal aufgeworfen hat. Darin scheint mir für uns
eines der ganz großen Probleme zu liegen. Wir kommen wohl nicht
umhin festzustellen, daß es darum geht, Bewertungsschemata zu
entwickeln, die auf der einen Seite der DDR-Realität in ihren
verschiedenen Phasen angemessen sind, aber andererseits anerkennen, daß diese Bewertung von heute aus erfolgt. Die Spannung
gilt es auszuhalten. Die DDR-Wirklichkeit hielt die Maßstäbe nur
bedingt bereit, sie mußten individuell oder durch Gruppen aus
Tradition oder wie auch immer gewonnen werden. Es war jedoch für
den einzelnen sehr schwer, in den verschiedenen Lagen selbstän-
dig Orientierungen zu finden. Diese Tatsache anzuerkennen heißt
nicht zu sagen, es gebe keine Maßstäbe, darüber, wie man zu diesen kommt und daß sie auch zu einem Teil von heute aus normativ
gesetzt sind, als einem intellektuellen Akt im klaren sein.
Sonst wird der Eindruck entstehen: Hier wird in einer willkürli-
chen, nicht nachvollziehbaren Weise geurteilt. Ich möchte, daß
wir diesen Faden in Richtung der Entwicklung von Bewertungskategorien aufgreifen und uns auf der einen Seite bemühen, die Realität zur Kenntnis zu nehmen, auf der anderen Seite uns aber
eingestehen, daß diese Bewertungsmaßstäbe doch ein Konstrukt von
uns heute sind.

Dirk Hansen (F.D.P.): Ich frage beide Referenten und
schließe an das an, was Herr Faulenbach gerade gesagt hat.
Ich frage: Wie ernst, Herr Neubert, ist - wie Eppelmann gerne
sagt - der gelernte DDR-Bürger in seiner Selbstbewertung zu
nehmen, wenn Sie anfangs gesagt haben, jeder bastelt
gewissermaßen heute an seiner eigenen Verweigerungs- oder gar
Widerstandsgeschichte? Andererseits haben Sie gesagt: Jeder
ging seinen Weg entgegen aller Gemeinschaftsideologie. Und
Templin hat von einem Überschuß an vorauseilendem Gehorsam
und einer Identifikationsbereitschaft gesprochen, die beide -
mehr als nötig - vorhanden gewesen seien, und er hat hier
auch den Unterschied zwischen den Generationen, zwischen den
unterschiedlichen Phasen der fünfziger und der achtziger
Jahre in der damaligen DDR gemacht.

Wie ernst ist es also zu nehmen, wenn jeder einzelne
sich selber entlastet? Wie sind diese Bewertungskategorien zu
sehen, von denen Faulenbach gerade gesprochen hat, die man
sich selber sucht, um jetzt auch psychisch zu überleben? Wie
ernst ist das zu nehmen für die Beurteilung durch einen
Dritten, also die Fremdeinschätzung des gelernten DDR-
Bürgers?

Gerd Poppe (BÜNDNIS 90/DIE GRÜNEN): Ich habe auch eine
Frage an beide. Wenn ich das so richtig sehe, liegen die
Unterschiede genau in der Abstufung der Grautöne. Wenn Herr
Neubert sagt, eine gewisse Endgültigkeit des Systems wäre von
vielen angenommen worden, führt das nicht auch zu einem
geringeren Anteil der eigenen Biographie? Ist das so eine Art
gesellschaftlicher Fatalismus? Ich sehe bei Templins Vortrag
den Anteil des einzelnen sehr viel stärker in dem, was eben
schon angesprochen wurde: vorauseilende Anpassung oder, wie
es genannt wurde, aktive Komplizenschaft. Ist mein Eindruck
richtig, daß tatsächlich die Entscheidung in der eigenen
Biographie sehr viel stärker liegt als in diesem äußeren, wie
auch immer mehr oder weniger veränderlichen System?

Auch die zeitlichen Unterschiede sind mir zu kurz gekommen. Wenn in den fünfziger Jahren noch eine nicht ausreichende Anpassung bereits zu einer ziemlich harten Repression führen konnte, gab es ja in den Achtzigern die andere Erfahrung, daß sogar aktive Widerstandshandlung manchmal durch nichts anderes als Kontrollmaßnahmen sanktioniert wurden.

Ein Punkt, zu dem ich gern noch einmal fragen möchte, ist die unterschiedliche Bewertung von Repressionen. Ein Beispiel. Was der eine vielleicht als Freiraum empfand, war für den anderen bereits Repression, nämlich die Ignoranz des herrschenden Systems gegenüber jeglicher Form von Kritik. Vielfach praktiziert gegenüber der Opposition in den achtziger Jahren als ein Teil dieser abgestuften Repressionsverfahren. Eine anhaltende Ignoranz gegenüber jeder Form von öffentlicher Äußerung, die von mir mitunter schlimmer erfahren wurde als Festnahmen. Dagegen kann jemand anders sagen: Dieses war der Freiraum, in dem ich mich bewegte.

Diese individuellen Unterschiede gilt es zu klären, und an dieser Stelle hätte ich gern, daß wir das Spektrum schärfer zu formulieren lernen, das jetzt immer noch so eine Art Kontinuum von Grautönen ist.

Herr **Vogt**: Das Thema Angst ist mir in beiden Vorträgen viel zu kurz gekommen. Ich kann persönlich  von mir berichten, daß ich viel aus Angst getan und erduldet habe, und ich will es an einem Beispiel begründen.

Gleich nach dem Mauerbau, wenige Tage danach, fand im Kreis Seelow eine Kreislehrerkonferenz statt, auf der ich vor ungefähr 300 Personen gegen den Mauerbau protestierte. Der Kreissekretär der SED hat mir damals die Faust unter die Nase gehalten, weil ich gesagt hatte, das wäre unmenschlich. Als Antwort bekam ich: Genosse Vogt - ich war gar kein Genosse, aber im Eifer sagte er das -, wir bestimmen, was menschlich ist! Das war die Antwort. Die ganze Kreislehrerkonferenz wurde umfunktioniert. Zwei Stunden kamen die Leute nach vorn auf die Tribüne und bearbeiteten mich.

Ich hatte vorher viele und gute Kollegen. Ich bin seit 1947 Lehrer in Küstrin-Kietz, das war in der Aufbauphase, da kommt man sich nahe. Die Feiern fanden meist bei uns statt, weil ich das einzige Grundstück hatte, das Platz bot; die anderen hatten ja nicht einmal eine Wohnung. Aber von da ab hatten sie Angst. Sie sprachen nicht mehr mit mir. Meine besten Kollegen, meine Freunde habe ich verloren. Ich wurde vollkommen isoliert; und wenn ich sie fragte: Was hast du denn?, erhielt ich die Antwort: Ich habe Angst, mit dir gesehen zu werden.

Diese Angst muß ganz deutlich werden. Ich persönlich habe wie John Foster Dulles immer am Rande des Abgrundes laviert. Ich hatte auch Angst. Angst, als ich meine Kinder nicht zur Jugendweihe schickte, daß die Familie darunter leiden würde, daß die Kinder nicht zum Abitur zugelassen werden usw. Der scharfe Druck war ja da, und da nahm man manches zurück. Man sollte alles viel mehr äußern!

Aber es gab auch etwas ganz Gemeines, und das darf nicht vergessen werden. Es gab viele Leute, die diesem System bewußt dienten. Das ist auch zu kurz gekommen. Hier wurde immer nur von Nischen gesprochen, von Anpassung. Neun Kollegen waren wir, sieben waren in der SED. Die haben seitdem nur versucht, mich aus ihrem Kollektiv herauszudrängen. Wenn mir mal im Unterricht ein Ausdruck wie "Rotchina" entfuhr, war das am nächsten Tag beim Schulrat. Und auch sonst: Die mußten meinetwegen extra eine Gewerkschaftsversammlung durchführen. Da wurde das gleiche Thema wie in der Parteiversammlung noch einmal behandelt. Und das war ihnen zuwider. Schon deswegen, wegen der zweiten Versammlung, war ich ihnen ein Dorn im Auge.

Aber vieles andere kam hinzu. Im Ort war ich eben der, der nicht in die Partei ging, der zur Kirche ging, der seine Kinder nicht zur Jugendweihe schickte. Sie bekamen also nicht 99 % oder 98 %. Ich mußte deswegen weg. Sie wurden gemein und niederträchtig. Das soll hier nicht vergessen werden. Es gab Leute, die Spaß daran hatten, andere zu quälen.

(Beifall)

Dr. Dietmar Keller (PDS/Linke Liste): Herr Templin, Sie haben eine Reihe von Erscheinungen immer mit dem Wort "Strategien" bezeichnet, und ich denke mir, daß Sie das bewußt so gemacht haben. In der Diskussion ist das, was Sie Einbindungs-, Verführungsstrategien genannt haben, als Mechanismen bezeichnet worden. Strategien muß man ja ausarbeiten und verkünden.

Wo sehen Sie die Punkte, an denen so etwas entstanden ist? Oder sind diese Mechanismen nicht aus der Art und Weise des Funktionierens der Gesellschaft entstanden? Ich habe Schwierigkeiten mit dem Wort "Strategien" und wäre Ihnen dankbar, wenn Sie dazu eine Erläuterung geben könnten.

Folgt Seite 51

Sv Gutzeit: Meine Frage richtet sich auch an beide Referenten. Sie bezieht sich auch auf die Erstreckung dieser
Zeit und die Erfahrung von Repression. In der Endphase der
DDR war augenscheinlich das Ausmaß offener Repression
geringer geworden, wenn man es vergleicht mit dem, was in
den fünfziger und sechziger Jahren dort angewandt wurde und
was Menschen dort erfahren haben an unmittelbarer auch
physischer Bedrohung und Einschüchterung. Das ist die eine
Seite. Die andere Seite ist die - das erscheint auch in den
Referaten -, daß die Plausibilität der Ideologie so unmittelbar und breit nicht mehr gegeben war.

Wie ist dann zu erklären, daß nichtsdestotrotz auch
noch in der Endphase eine relative Stabilität des Systems
vorhanden war, daß ein Gefühl da war, nicht allzusehr in die
Verweigerung oder gar in die Opposition zum System gehen zu
können? Das ist augenscheinlich ein Widerspruch. Wie läßt er
sich erklären? Das heißt, die Zahl der Oppositionellen, die
aus einer Verweigerungshaltung in einen direkten Konflikt
mit dem System gegangen sind, war nicht allzu groß. Und
dies, obwohl die Repression, also die äußere Bedrohung,
immer geringer geworden war und auch die ideologische Über-
zeugungskraft angesichts des Zustands der DDR nicht unbedingt zugenommen hat.

Dr. Dorothee Wilms (CDU/CSU): Kurz nach dem Krieg habe
ich als junger Mensch damals einen Vertreter der Generation
aus der NS-Zeit gefragt, warum er nicht Widerstand geleistet
hat. Er hat mir gesagt: Nicht alle Menschen sind zum Märtyrer geboren.

Ich habe dieses Wort über die Jahrzehnte hinweg nicht
vergessen. Viele Menschen - das ist auch heute so in unserer
Bundesrepublik Deutschland - leben völlig unpolitisch daher;
sie leben ihr Leben. Den Konflikt, den Sie, Herr Neubert,
genannt haben, zwischen Anpassung und Verweigerung erleben

und leben viele Menschen nicht, weil sie mit der Bewältigung ihres Alltags voll beschäftigt sind.

Ich stimme Herrn Faulenbach zu: Man muß es sicher auch historisch noch etwas stärker untergliedern. Man darf nicht vergessen, daß 1945 zunächst die Menschen aus der zwölfjährigen NS-Diktatur kamen, dann Besatzungsregime, kommunistisches Zwangsregime erlebten. Das heißt, sie kannten im Grunde genommen nichts anderes, als ihr Leben in einer Diktatur zu leben. Nur wenigen war es dann wahrscheinlich auch gegeben, Widerstand zu leisten.

Herr Neubert, Sie haben gesagt, man müsse die Totalitarismus-Theorie wiederaufleben lassen und weiter entwickeln. Ich würde dies auch sagen. Ich glaube, wir müssen auch im Blick auf die Zukunft noch einmal sehr viel genauer durchleuchten, wie es kommt, daß viele Menschen damals wie auch heute ihr Privatleben leben und leben wollen, nicht nach rechts und nach links schauen und nicht zu prüfen versuchen, ob das, was abläuft, in Ordnung ist oder nicht.

Mir kommt auch der "Normalfall" in den beiden Vorträgen ein bißchen zu kurz. Ich glaube, man kann die Angst gar nicht hoch genug werten. Noch einmal: Nicht alle Menschen sind zum Märtyrer geboren, Angst kann ein Element sein, dem man sich sehr schnell unterordnet.

Eine Frage an Herrn Templin vertieft das, was Frau Barbe eben angesprochen hat: Wann war denn der Sprung, und wie war der Sprung aus der Verweigerung in den Widerstand? Was waren die Motive? Sie sind sicherlich sehr unterschiedlich gewesen. Sie können christlich, sie können demokratisch, sie können freiheitsliebend motiviert gewesen sein. Ich glaube, wir müßten auch mehr darüber hören.

Damit hängt das dritte zusammen: Wie weit wurde die SED-Ideologie akzeptiert? Wenn Sie sagen, zunehmend nicht mehr, von welchen Vorstellungen waren denn dann die Menschen beherrscht? Man kann doch nicht ohne eine metaphysische Vorstellung leben, jedenfalls viele nicht. Was trat denn dann an diese Stelle? Denn nicht alle waren unbedingt christlich geprägt.

Herr Brümmer: Mit Sprüchen wie "den Brotkorb etwas höher hängen", mit angedrohten Benachteiligungen für Frau und Kinder und hinsichtlich der Karriere bin ich reichlich bedient worden. Das alles, was hier dazu gesagt wurde, ist mir erklärlich und verständlich. Aber wir müssen auch ehrlich zu uns selber sein. Jeder Mensch ist anders; der eine ist zum Widerstand geboren, der andere nicht. Manch einer in der DDR sagte: Ich traue mich nicht, mich mit dir sehen zu lassen, sonst passiert mir wieder etwas.

Mir ist es vor der Wende so gegangen: Ich wurde wegen meiner Äußerungen zum Staatsanwalt bestellt. Mir wurde gesagt: "Herr Brümmer, wir können auch anders." Ich habe gesagt: "Ich mache aus meiner Meinung nie einen Hehl. Herr Staatsanwalt, ich stehe auf dem Standpunkt, daß in unserem Gefängnis Nazi-Methoden angewendet werden."

Es war ein einziges Drohen über dreißig Jahre; aber ich habe mir gedacht: Mich macht ihr nicht fertig, macht mit mir, was ihr wollt!

Mich hat etwas ganz anderes verwundert, und damit werde ich bis heute nicht fertig. Diese Frage muß beantwortet werden, damit wir Deutschen unsere Vergangenheit bewältigen können: Wie können ganz normale junge Familienväter, Mittdreißiger, Vierziger, die zu Hause Kinder haben, die ihrer Frau einen Blumenstrauß kaufen und sonst etwas für die Familie tun, im Knast, nur weil man es ihnen beibringt, sagen: Hier machen wir, was wir bestimmen; hier herrscht Ordnung!; wie können die auf Menschen eindreschen, ihnen einen Hund in die Zelle jagen, sie für verrückt erklären und nach Haus 13 jagen?

Das hört nicht auf bei Strafvollzugsbeamten, dazu gehören auch Richter und Staatsanwälte. Ich kann einfach nicht glauben, daß der Staatsanwalt West und der Strafvollzugsbeamte West andere Menschen sind als der

Staatsanwalt Ost und der Strafvollzugsbeamte Ost. Und trotzdem ist das passiert. Einer der Vorredner hat von Repression gesprochen. Ich sehe das heute wieder. Jetzt kommt die Knüppelei im Knast zur Sprache. Was macht der Rechtsstaat? Er sucht sich jetzt ein paar Doofe, statt die staatlich organisierte Kriminalität zu untersuchen und die Frage zu beantworten, wie man ganz normale Menschen zu so etwas bringen kann. Darauf bekommt man keine Antwort.

Ich habe keinen Haß gegen die Menschen, die auf mich eingedroschen, mich für blöd erklärt, nach Haus 13 geschafft und mir einen Hund in die Zelle gejagt haben. Ich würde mich gerne mit ihnen zusammensetzen. Es ist doch nicht so, wie der Rechtsstaat sagt: "Wir stellen im nachhinein Anzeichen von psychischer und physischer Mißhandlung fest." Damals gab es doch gar nichts anderes! Doch dazu muß man nicht die fragen, die schon von Haus aus schlecht dran waren, die aus politischen Gründen dorthin gingen und gesagt haben: Jetzt wollen wir hier Ruhe und Ordnung halten.

Ich möchte ein praktisches Beispiel nennen. Ich bin aus völlig nichtigen Anlässen dorthin gekommen und habe nur für mich in Anspruch genommen, aus Protest gegen meine Verhaftung und Verurteilung keine Meldung zu machen. Da hieß es: "Wir haben eine sehr strenge Ordnung." Ich sagte: "Einverstanden, das ist mir meine Überzeugung wert." Ich habe alle Nachteile in Kauf genommen, bekam keine Besuchserlaubnis, keine Schreiberlaubnis usw., und aus dem Krankenknast bin ich im Grunde nicht herausgekommen. Ich bin dort von den Ärzten untersucht worden. Sie haben so diskutiert: "Finden Sie denn das vorteilhaft, was Sie hier machen? Sie wissen doch, was Ihnen geschieht." Ich habe gesagt: "Finden Sie denn normal, was Sie hier machen? Wir haben doch schon einmal einen gehabt in Deutschland, der den Menschen Ruhe und Ordnung beigebracht hat, und wer nicht gekuscht hat, der wurde geknüppelt."

Ich habe doch nichts gegen die, die geknüppelt haben. Aber man muß doch die Leute belangen, die das von Gesetz wegen angeordnet haben. Der Mensch ist doch nun einmal so: Wenn ich ihm die entsprechende Überzeugung verpasse und seine Karriere daran knüpfe, dann verhält er sich so, dann drischt er los. Ich habe in Rummelsburg nur einen Menschen kennengelernt, der von der Psyche her so beschaffen war, daß er einfach nicht schlagen konnte. Aber selbst der hat das geglaubt, was da geredet wurde. Mir wird schlecht, wenn der Gefängnisdirektor, der damals von "Erziehung" gesprochen hat, heute noch behauptet: Wir hatten unsere Ordnung, und wer sich nicht an unsere Ordnung gehalten hat, der wurde bestraft. Ich habe dort angefragt, vom Anstaltsdirektor über den Staatsanwalt: "Leiste ich Widerstand, wenn ich keine Meldung mache? Ich will hier keinen Ärger haben." - "Jawohl", sagte er. "Ach so", sagte ich, "solche Methoden hatten wir in Deutschland schon einmal."

Aber wir kommen nicht weiter, wenn wir uns die Taschen vollügen und das nicht zur Kenntnis nehmen wollen. So hat sich das im politischen, im sozialen und im psychologischen Bereich schon einmal abgespielt. Es gab Menschen, die sich bei Adolf nicht in die Ordnung eingepaßt haben. Und es wurde unter Honecker genauso gemacht: Wir werden dir schon unsere Ordnung beibringen; da wird der Brotkorb ein bißchen höher gehängt; du legst viel Wert auf deine Kinder, du auf deine Frau, du willst Professor werden, da wollen wir einmal die Hebel ansetzen.

Aber uns im Knast hat man ganz deutlich gesagt, was los ist. Doch nicht wegen der Schläge und dem Hund sind die Leute verrückt geworden. Das haben die, die dort ihre "Pflicht erfüllten", doch mit Überzeugung gemacht. Man konnte sich mit gar keinem von ihnen unterhalten. Man sagte sich: Paß auf, die können noch ganz anders!

Diese Dinge müssen wir untersuchen. Es geht nicht darum, diesen oder jenen so oder so fertigzumachen. Wir müssen uns selber gegenüber ehrlich sein und dürfen nicht so eiern, wie es jetzt beim Bundesministerium getan wird, wenn es heißt, daß es Anzeichen physischer und psychischer Gewalt

gegeben habe. Das ist doch logisch. Die Verantwortlichen
werden die Leute immer vollschwatzen mit ihrem Gesülze von
Ruhe und Ordnung. Wie hieß es noch? Paranoide, übertriebene
Sicherheitsvorstellungen. Darum geht es doch gar nicht. Es
geht darum, wie sie das, was sie unter Ordnung verstanden,
mit brutalsten Verbrechermethoden durchgesetzt haben. Das
muß doch geklärt werden; wie will man sonst den Leuten, die
man hier "Maß genommen" hat, Gerechtigkeit widerfahren lassen? Ob sie nun sechs Monate oder sechs Jahre gesessen
haben, sie sind doch im Grunde psychisch fertig.

Welche Chance ich heute noch habe, sehe ich. Ich gehe
zur Staatsanwaltschaft Pankow. Aber dieser Staatsanwalt ist
nicht da, und jener Staatsanwalt ist nicht da. Ich stehe
immer als Lügner und Schwindler da. Noch kurz vor der Wende
glaubte man auf meiner Arbeitsstelle nicht, was sich abgespielt hat. Ich sagte: "Ruft doch an beim Strafvollzug oder
fragt den Herrn Oberst vom Innenministerium, ob man mir
einen Hund in die Zelle gejagt hat, ob man mich verdroschen
hat oder nicht!" Ich habe mich darüber beschwert.

Aber ich glaube nicht, daß ein Ost-Staatsanwalt
schlechter ist als ein West-Staatsanwalt. Mir hat der
Staatsanwalt gesagt: "Strafgefangener Brümmer, seien Sie
einmal ein bißchen gefügig, sonst hänge ich Ihnen noch ein
paar Anklagen an den Hals." Das war die Realität. Nun kann
man nicht auf den Staatsanwalt schimpfen; der ist vielleicht
heute, wenn er geschickt ist, Staatsanwalt in der Bundesrepublik.

Man wird sich schwer hüten, zu sagen: Von
Menschenrechten habt ihr wohl noch nichts gehört? Ihr hättet
Recht und Unrecht auseinanderhalten müssen. - Das konnten
sie gar nicht, das wollten sie gar nicht; sie werden doch
schwindeln von morgens bis abends, obwohl sie genau wissen,
wie es war. Sie haben es mir bestätigt. Ich habe einen
Arbeitskollegen danach gefragt. Er hat gesagt: "Ja, Manne,
du hast sehr renitentes Verhalten gezeigt." Ja, es war

renitentes Verhalten, daß ich keine Meldung gemacht und alle
Nachteile in Kauf genommen habe.

Ich habe keine Angst vor Knüppeln und Hunden. Was mich
zur Verzweiflung getrieben hat, war, daß die an das geglaubt
haben, was sie gemacht haben. Und man muß einmal untersuchen, wie das funktioniert!

(Beifall)

**Vorsitzender Rainer Eppelmann:** Herzlichen Dank. Jetzt
habe ich nur noch zwei Wortmeldungen, die Antworten von
Herrn Neubert und von Herrn Templin.

**Sv Neubert:** Hoffentlich bekomme ich alle Fragen noch
zusammen. Herr Weißkirchen, ich glaube, man darf das nicht
dramatisieren. Was waren eigentlich die Motive, sich zwischen Anpassung und Verweigerung zu entscheiden? Ich meine,
das ist tatsächlich eine Alltagsgeschichte gewesen. Man
mußte sein Leben planen, aufbauen, und jeder einzelne -
insofern waren wir da kein Kollektiv - mußte täglich bestimmte einzelne Entscheidungen fällen. In diesen täglichen
Entscheidungen lag beides, Anpassung und Verweigerung. Deswegen ist es wichtig, daß wir sagen, von welcher Stelle an
die Verweigerungshaltung in eine bewußte, vielleicht sogar
in eine widerständige Haltung umschlägt. Da wäre meine Antwort: Dieser Umschlag geschah, wenn der Konflikt zwischen
Anpassung und Verweigerung nicht mehr ertragbar war, wenn
man bewußt nach Orientierung gesucht hat. Deswegen denke
ich, daß im kirchlichen Bereich nicht zufällig viele kritische Theologinnen und Theologen, kritische Mitarbeiterinnen
und Mitarbeiter waren, daß auch viele andere Orientierungen
in der Opposition wirksam waren. Auch die letztlich in der
politischen Kultur der DDR nicht verdrängten Traditionen
werden dabei eine große Rolle spielen, aber das erst dann,
wenn die passive Verweigerung des einzelnen mit politischen
Motiven unterlegt wird. Ich glaube, das Erlebnis des Wider-
spruchs, des Zurechtkommenwollens und -nichtkönnens, hat die

Leute - im Gesamtverhältnis waren es relativ wenige - auf
die Suche nach alternativen Orientierungen gebracht.

Der Kampagnecharakter hatte natürlich einen Sinn, Herr
Weber. Ich denke, in diesem ritualisierten, quasi-religiösen
System der DDR mußten auch immer Rituale ablaufen, die zur
Vergegenwärtigung der Macht für die Mächtigen notwendig
waren, z. B. bis hin zur Parteibuchumtauschaktion und vielen
anderen Dingen. Das waren quasi Mechanismen zur Überprüfung
der Bevölkerung, auch die Wahl als solche schon, so daß man
von einer Aktion in die andere stolperte. Wir als Theologen
hatten es noch gut, wir waren ja immer "draußen". Aber der
Bürger, der im Betrieb arbeitete, kam von einer Kampagne in
die andere.

Die Massendemonstrationen hängen damit auch zusammen.
Es ist sicherlich ein großer Unterschied, was 1950 gelaufen
ist und was 1989, am 7. Oktober noch, gelaufen ist. Ich
meine, daß 1950 noch mehr die alten Legitimationsmuster der
DDR gegriffen haben. In dem Vakuum nach dem Krieg wurde damals zum Teil noch das antifaschistische Legitimationsmuster
angenommen. Aber zum Schluß waren diese Dinge vollkommen
verbraucht. Wohl aber gab es noch ganz stark bis zum Schluß
diese Bindungskräfte.

Es ist das Aberwitzige, daß im Zusammenhang mit
politischer Macht, mit der Erzeugung von Angst eine
umfassende Ideologie, die die Welt erklärte, gerade diese
doppelte Geschichte diese Bindung erzeugte. Man hat quasi
durch Angst die Theorie, die Welterklärungsmodelle, in sich
aufgenommen, hat sie verinnerlicht und hat sie durch
Anpassungs- oder Machtbeteiligungsversuche wieder geäußert.
Das heißt, das ist nichts anderes als das, was wir im religiösen Bereich bei pervertierten religiösen Geschichten,
verbunden mit Zwang und schwarzer Pädagogik, auch kennen.
Hier müßte man noch eine andere sozialpsychologische Ebene
anschauen.

Aber das ist eine Sache, die mit der Auseinandersetzung
mit dem Marxismus oder anderen geistigen Haltungen überhaupt

nichts zu tun hat, sondern hier wurden mehr oder weniger
bewußt, wie bei den Nazis auch, solche Mechanismen
abgerufen.

Ich habe, Herr Dr. Ullmann, wenigstens versucht, den
DDR-Alltag zu erreichen. Dieses Hin und Her zwischen Anpassung und Verweigerung ist natürlich nicht bewußt reflektiert
worden, aber es ist praktiziert worden. Es war so
selbstverständlich, hin und her zu jonglieren, daß wir das
auch erst heute im nachhinein reflektieren können. Dem
Schuldirektor, der tagsüber Kinder und Jugendliche pausenlos
mit politischen Informationen im Sinne der DDR versorgt hat
und abends die ARD anschaltete, war das meistens gar nicht
so bewußt. Wenn wir noch eine Ebene weiter heruntergehen:
Der normale Bürger hat es nicht reflektiert. Es waren
tatsächlich Strategien, um von einem Tag zum anderen sein
Leben zu bauen, es war alltäglich. Erst heute erkennen wir,
daß die damaligen Selbstverständlichkeiten, die damals auch
im Konsens geübte Praxis, sich zurechtzufinden, etwas sind,
das man noch einmal kritisch hinterfragen muß.

Dazu gehört auch die Leistung. Es ist eine tragische
Geschichte, daß unsere Bevölkerung auch auf Grund einer historischen Prägung der politischen Kultur, etwa auch des
Protestantismus, unbedingt Lebenssinn mit Arbeit und Leistung verband. Die Frustration war ungeheuer, daß das eben
nicht ging, daß man in den betrieblichen Abläufen Defizite
an Rationalität feststellte. Ich erinnere mich an die
tragische Geschichte, daß ein sächsischer Kleinunternehmer,
ein Fuhrunternehmer mit fünf oder sechs Bussen - das war in
der DDR schon allerhand -, mit eigenem Haus und noch
privaten Autos, dem es wirklich mit am besten von allen
ging, Anfang September 1989 nach Ungarn abhaut. Er läßt
alles stehen und liegen und wird von einem westlichen
Reporter gefragt, warum er weggehe: "Um endlich vernünftig
arbeiten zu können!"

Man konnte sich in der DDR schon bis zum Umfallen beschäftigen und arbeiten; aber das Defizit an Rationalität,

auch im Arbeitsleben, war auf Grund unserer Prägung nicht zu beheben.

Nun noch zu Markus Meckel: Das Risiko der Verweigerung trug man selbst. Wenn man die Vorstellung hatte, man schädigt einen anderen, und wenn das Risiko so hoch war, wurde doch ganz deutlich, daß es die eigene Entscheidung war, daß es keine Vorgabe war, sondern daß man sich auseinandersetzen mußte, was natürlich die Hemmschwelle, Risiken zu tragen, heraufgesetzt hat. Das war einer der Mechanismen im System, das Risiko, eigene Entscheidungen zu treffen, möglichst hoch zu hängen. Aber es war auch ein Alibi. Sehr viele haben gesagt: Ich kann das nicht machen, dann würde ich dem und jenem schaden. Das kann man natürlich im nachhinein schlecht beurteilen, man kapituliert vor den Zeugenaussagen Betroffener.

Der Einfluß auf die Akzeptanz der DDR durch das Verhalten im Westen ist eine zweischneidige Sache. Hier kann man auf politischer und ökonomischer Ebene diskutieren, und das wird auch zur Zeit getan. Es ist ganz eindeutig: In dem Moment, wo die DDR im Westen akzeptiert worden ist und die DDR damit auch hausiert hat, daß sie jetzt sogar schon vom Westen akzeptiert wird - erst war sie froh, daß sie von der Kirche akzeptiert wurde -, also ihre Legitimation durch ihre Anerkennung im Westen bezog, ist natürlich die Legitimation unaufhaltsam den Bach hinuntergegangen. Das heißt, westliche Werte wurden plötzlich von der Bevölkerung, bewußt oder unbewußt, erkannt: Daran muß man die DDR messen. Und das war genau das Falsche, damit haben sie sich einen Bärendienst erwiesen. Aber das muß die historische Forschung auf die einzelnen Bereiche noch umlegen.

Die Differenzierung in den einzelnen historischen Phasen finde ich auch wichtig, Herr Faulenbach. In einem 25-Minuten-Referat über einen Zeitraum von 40 Jahren ist das natürlich nicht so enthalten. Es ist auch eine ganz spannende Geschichte, wie sich diese Mechanismen verändern oder wie die Schwerpunkte sind. Bis zum 7. Oktober 1989 hat es

voll funktioniert. Wir haben es damals in diesen spannenden
Nächten erlebt. Während wir am 6. Oktober in der Erlö-
serkirche die große Veranstaltung hatten, die uns noch einmal mobilisiert hat, waren zur gleichen Zeit die großen
Fackelzüge und die Massenveranstaltungen zum 40. Jahrestag.
Da gab es junge Leute, aus der Republik angefahren, die
fanatisch mitgejubelt haben, und am nächsten oder übernäch-
sten Tag haben die gleichen Leute ihr Coming-out gehabt und
haben dann gerufen: "Stasi in die Produktion!", und vorher
waren sie von den Stasi-Leuten trainiert worden, irgendwelche dämlichen Losungen im Sprechchor zu rufen. Der Umschlag
war natürlich ganz deutlich gerade in dieser Zeit der
allgemeinen Betroffenheit.

Aber die Bindungskraft auf Grund dieser totalitären
Inanspruchnahme der Hirne wirkte bis zum Schluß. Ich würde
sagen, sie wirkt auch über die Zeit, auch jetzt in gewisser
Hinsicht, bloß daß sich die Ebenen verschoben haben.

Den Verlust dieses Vaterstaates, dieser anonymen, nicht
von dieser Welt stammenden, Sicherheit garantierenden Kraft,
haben unsere Leute noch nicht verkraftet. Wer hat denn schon
hier im Osten verkraftet, daß der Staat etwas Säkulares ist?
Wenn es Leute gibt, die sagen: "Ich muß mich als DDR-Bürger
nicht schämen", appellieren sie doch an so ein Kollektiv,
aus dem Jenseits kommend. Ich habe mich nie als "DDR-Bürger"
empfunden, andere auch nicht; für mich war "DDR" eine
Ortsangabe, aber nicht Ausdruck eines Kollektivs, das heute
noch irgendeine Legitimität verleiht. Ich sage das übrigens
auch in eine bestimmte politische Richtung.

Zu den "gelernten DDR-Bürgern", Herr Hansen, müßte ich
dasselbe sagen wie hierzu. Die Frage nach dem Anpassungsdruck muß ich jetzt weglassen.

Ich habe es auch so empfunden, Gerd Poppe, daß wir
ähnliche Dinge hatten, die Grautöne, die das etwas
unterstreichen, die unterschiedlich waren, auch in der Optik
ein bißchen anders. Aber ich möchte nur noch einmal darauf
hinweisen, daß die Frage: Sind es die Umstände oder die

individuellen, eigenen Entscheidungen? nicht zu entscheiden
ist, sondern es ist ein dialektisches Ganzes. Das ist auch
in der Aufarbeitung schwierig, daß die einen alles auf die
Umstände abschieben und die anderen alles auf die individuelle Entscheidung und Verantwortung. Das kann man nicht
trennen, sondern beide Seiten haben auch immer das andere
implizit mit in sich.

Das Thema Angst - ich habe es etwas lax gehandhabt -
ist natürlich ganz wichtig. Aber man muß wissen: Eine kleine
Minderheit hat sich ständig gegen die Angst gestemmt, hat
auch ihre Angst zugegeben, was schon etwas ganz Wichtiges
war. Wer hat in der DDR damals schon zugegeben, daß er Angst
hat? Das waren wenige, oder es wurde nur hinter vorgehalte-
ner Hand getan. Es ist wichtig, daß wir verstehen: Angst
wurde instrumentalisiert und vom System genutzt. Deswegen
glaube ich, daß die Leute, die in den Gefängnissen geprügelt
haben, die davon überzeugt waren, daß das richtig war, im
Grunde genommen ihre eigene Angst damit auch weggeprügelt
haben. Sie haben sich auf die Geschichte gesetzt, vor der
sie im Grunde selbst große Angst hatten. Insofern muß auch
der Alltag der Unterdrückung und der Leute, die es geschafft
haben, in eigener Entscheidung der Angst nicht nachzugeben,
entsprechend gewürdigt werden.

Eine Antwort auf eine Frage, die mehr an Herrn Templin
gerichtet war, möchte ich noch geben. An der Stelle des
Verlusts der christlichen Metaphysik gab es keine Leerstelle
in der DDR, sondern sie ist besetzt worden von einem
voraufklärerischen Gesellschaftsmodell, und das war halt der
reale Sozialismus. Das war die für mich schlimmste
Wiedergeburt der Metaphysik. Das hat auch mit
Säkularisierung überhaupt nichts zu tun.


Vorsitzender Rainer Eppelmann: Die nächsten Antworten
kommen, wie von Ihnen gewünscht, von Herrn Templin.

Sv Templin: Ich versuche das einmal etwas anders, weil
ich in mehreren Fragen, an vor allem mich, aber in anderer
Weise auch an Erhard Neubert gerichtet, eine bestimmte
Grundfrage bemerkt habe, die ich in dem, was ich sagte,
vielleicht zu schnell vorausgesetzt habe, aber eine Grundfrage, die für mich natürlich immer deutlicher oder auch
eindeutiger beantwortet wird. Ich kann "DDR" nicht mehr in
objektivierenden sozialen Kategorien einer Moderne inter-
pretieren, wie das sozialwissenschaftlich lange untersucht
wurde. Ich kann die Ansätze, mit denen es versucht wurde,
nachvollziehen und verstehen. Ich denke, daß man sich darüber jetzt auch nicht zerfleischen muß, warum es der eine so
lange versucht hat und vielleicht dadurch zu relativierend
geworden ist, während es der andere noch immer nicht begreift. Aber man muß die Unterschiede nicht nur als Sicht-
weisen oder akademisch relativierend nehmen. Die eine
Sichtweise wird der DDR-Realität gerecht, und die versuche
ich doch deutlicher einzusetzen, die andere nicht.

In den formalen Kategorien, wie sie in manchen Sparten
der Sozialwissenschaft gerade in den achtziger Jahren angesetzt wurde, denke ich nicht. Für mich sind die Kategorien
von Diktatur und der elementaren Funktionsprinzipien von
Diktatur, die lange vor der Spätphase der DDR bekannt waren,
dabei immer wichtiger geworden.

Ich kann insofern DDR nicht mehr in die Vielfalt ihrer
historisch differenten Erscheinungsformen auflösen. Sie sind
für mich auch interessant, aber ich habe zunächst auch als
eigene Erfahrung, zum Teil auch als nachholende Erfahrung,
bemerkt, es gibt derartige Kontinuitäten in diesen Funk-
tionsmustern und Funktionsprinzipien, ich nenne es vergrö-
bernd, kommunistischer Diktatur, die bereits vor dem Beginn
der DDR liegen und sie im Grunde bis zum Schluß begleiten.

Für die Frage, die mir mehrfach gestellt wurde, heißt
das, die Chance zu einem nichtangepaßten Verhalten und darüber hinaus zu Widerstand und Opposition ist für mich ganz
stark verbunden mit der Entdeckung der eigenen Entschei-

dungsfähigkeit und der Wahrnehmung derselben, man könnte es anders formulieren: mit der Entdeckung auch des Gewichts von Gewissen und Verantwortung.

Das für mich immer entscheidendere Grundmuster von DDR-Verhältnissen war, den Leuten diese Chance zu nehmen, und zwar auch den positiv zu Integrierenden; denn die kommunistische Geschichtsmetaphysik ließ eigentlich für individuelle Verantwortung und Gewissen keinen Raum. Man hat sich der historischen Mission überstellt und war im Grunde genommen von dem Zwang, das eigene Handeln an etwas anderem als am vorgegebenen Wertsystem zu prüfen oder im Widerstreit vielleicht eine andere Instanz zu haben als die vorgegebene, weitgehend entlastet.

Das noch viel Schlimmere ist eigentlich, daß diejenigen, die sich dem System nicht stellten, die also die Ideologie ablehnten, zum großen Teil in den Zwangsmechanismus der Umkehrung verfielen. Sie konnten sich auch nur noch als Objekt sehen. Nicht, weil sie sich damit identifizierten und in dem Positiv-Objektiven aufgingen, sondern weil sie nur noch das Gefühl der Ohnmacht und des Ausgeliefertseins empfanden und die gesetzte Realität so vor sich sahen, daß sie ihnen überhaupt keinen Spielraum zu eigenem Handeln und eigener Entscheidung ließ.

Die Art und Weise, wie es einzelnen - ich lasse dahingestellt, ob vielen oder wenigen - möglich wurde, unter den Bedingungen einer solchen Diktatur nicht nur diese Werte, sondern diese dann für das eigene Leben wichtigen Werte und ins Leben hineingesetzten Werte zu erkennen und Erfahrungen, Desillusionierung und Motive teils ganz anderer Art mit dieser Entscheidungssituation zu verbinden, ist tatsächlich sehr vielfältig. Da gibt es für die allermeisten auch nicht den Punkt der Entscheidung, sondern es ist ein Zeitraum, in dem sich eine Entscheidung vorbereitet, in dem sie auch noch einmal verschoben oder vielleicht noch einmal kleingemacht werden kann, aber in dem sie irgendwann durchdringt. Für viele war es auch mit dem Bewußtsein eigenen Versagens, eigener Verantwortung, der sie sich dann rückblickend stellen wollten, verbunden.

Ein Großteil der Biographien sogenannter Renegaten, die mir das immer deutlich gemacht haben, geht auch davon aus. Es geht nicht darum, daß sie eine andere Entscheidung getroffen haben, sondern daß sie sich selber entscheidungsfähig gemacht haben und daran festhalten. Zum Beispiel eine Entscheidung zu treffen, die einen faktisch abrücken läßt, aber im Grunde dann auch nur in eine andere Rolle versetzt, nicht in die Freiheit des Handelns, wurde viel leichter akzeptiert. Das versuchte ich am Anfang meines Vortrags deutlich zu machen.

Von daher ist mir die Frage: Was hat diese individuelle Handlungschance befördert und bestärkt, und was hat sie behindert und gebremst? auch in den verschiedenen Anfragen deutlich geworden. So sehe ich auch jedes Moment äußeren Zugeständnisses an die "Erfolge der DDR", an die Stabilität und jedes Vermeiden, aus welchen Gründen auch immer, die Diktatur, die Unmenschlichkeit beim Namen zu nennen und den Menschen klarzumachen: Ihr verspielt dort eure Lebenschance, jedes Jahr, das es länger dauert, ist ein Jahr geklauten Lebens. Jeder, der das als Beobachter und Beteiligter von draußen nicht möglich machte und die DDR verharmlosend in der Grundqualität auf Nischengesellschaft oder Freizeitgesellschaft mit miserablen Angeboten - das war sie alles auch - bringen wollte, hat im Grunde genommen die Leute bestärkt, sich selber in dieser Unmündigkeit und Unselbständigkeit festzuhalten,

(Beifall)

und zwar in einer, die mit verteilten Rollen bis heute wirkt. Auch heute können Leute als ehemals Verantwortliche, siehe Herrn Krenz und andere, fast väterlich auftreten und, an die Adresse derjenigen gerichtet, die sie schon damals unter dem Schuh hatten, sagen: Wir haben doch die gleichen Erfahrungen, wir haben doch die gleichen Biographien oder sind von der gleichen DDR geprägt worden. So können sie eine nachträgliche Kollektivierung beschwören, die nicht nur absurd, sondern fast schon wieder beängstigend ist.

Die Frage nach dem Thema Angst ist eine sehr persönliche Frage. Ich habe schon eine gewisse Scheu, gerade im Beisein von Leuten, die Angst viel schlimmer und existentieller gespürt haben müssen als ich, darüber zu reden. Ich bin aber froh, daß das noch einmal so deutlich gefragt und angesprochen wurde. Aber die Frage, was jemand für sich selber als stärksten Angstfaktor oder als am bedrohlichsten empfand, ist ganz individuell zu stellen und zu beantworten. Ich selber habe nie die Erfahrung machen müssen, physisch direkt geschlagen zu werden. Vielleicht wäre ich, konfrontiert mit dieser Situation und Angst, viel eher zusammengebrochen; vielleicht hätte ich das nicht durchgehalten. Andere, gerade Intellektuelle, hat die Angst, sozial gedemütigt und ausgegrenzt zu sein, so verfolgt, daß sie alles getan haben, dieser Isolation zu entgehen - eine Angsterfahrung, die ich überwinden konnte, weil ich lange genug in der Entscheidungssituation war.

Hier ist auch die entscheidende Verbindung zwischen den verschiedenen sozialen Gruppen in der DDR. Wenn man uns beide gehört hat, könnte man annehmen, wir gingen zu eingeschränkt von der Ebene Intellektuelle, Künstler, Oppositionelle und vielleicht noch von den eindeutigen Opfern aus. Gerade was Dr. Ullmanns Frage nach Alltagsexistenz betrifft, ob dort nicht andere Werte und Entscheidungen gegolten haben, so ist es gerade hier unter Umständen viel kleiner, aber dann doch zum konkreten Umschlag gekommen. So mußte man manchmal nur Nachbar von jemandem sein, der verfolgt und belastet wurde, um in die Konfliktsituation zu geraten: Denunzierst du oder nicht, unterschreibst du die Verurteilung des anderen oder unterschreibst du sie nicht? An vielen kleinen Punkten des Alltagslebens wurde dieser Verdrängungsmechanismus, der sehr gut beschrieben wurde - man kümmert sich nicht um die große Politik, man hat genug mit sich selber zu tun -, so angekratzt, daß ich mit der

beruhigenden Erklärung: Es war halt so für die Leute, was
sollten sie denn machen? auch Schwierigkeiten habe. Die
Entscheidung für die meisten war ja nicht, im Moment des
Ablehnens oder Zustimmens zu einer solchen Zumutung entweder
zum Märtyrer zu werden oder sich zum abgrundtiefen Schurken
zu machen, sondern sie mußten sich selber, und sei es nur
für einen kleinen Schritt, verkaufen. Ich kenne genügend
ganz normale Leute, die diesen Schritt nicht getan haben,
die in ihrer alltäglichen Situation damals keine
existentielle Wende gemacht haben, die aber heute in einer
ganz anderen Lebenssituation sind und wahrscheinlich viel
eher und schneller die Chance haben, aus ihrem Leben etwas
zu machen, als diejenigen, die sich bis zum Schluß mit den
kleinen Schritten doch mehr an das System binden ließen, als
sie sich vielleicht selbst eingestehen wollten.

Ich bin hier doch in der Zeit begrenzt worden. Ich
hoffe, ich habe nicht allzu viele einzelne wichtige Fragen
vergessen. Ich würde aber gerne noch auf weitere Fragen zurückkommen.

(Beifall)

Vorsitzender Rainer Eppelmann: Einen herzlichen Dank
auch dir noch einmal, Wolfgang Templin. Ein Blick auf die
Uhr sagt uns, daß wir unseren Zeitplan trotz großzügig ein-
geplanter Mittagspause doch nicht ganz so werden einhalten
können, wie wir es ursprünglich gedacht haben.

Mein Vorschlag wäre, daß wir hier 14.30 Uhr weiterma-
chen, also eine halbe Stunde später als ursprünglich geplant. Wir müßten es trotzdem schaffen, weil für die beiden
nächsten Gesprächsrunden jeweils zwei Stunden eingeplant gewesen sind. Das heißt, daß die Vorbereitungsrunde, um die
Markus Meckel gebeten hat, sich erst um 14.00 Uhr im Raum
181 trifft.

Die anwesenden Journalisten haben die Möglichkeit, uns
heute abend zum Stasi-Knast in Hohenschönhausen zu begleiten.

Ich wünsche Ihnen jetzt eine kurze Phase des Durchatmens. Wir freuen uns über jeden, der nachher um 14.30 Uhr noch da ist, wieder da ist oder neu dazugekommen ist.

(Unterbrechung der Sitzung: 13.40 - 14.40 Uhr)

Diskussionsleiter Markus Meckel: Wir wollen die Zeitzeugenanhörung "Alltagserfahrungen aus vier Jahrzehnten DDR" fortsetzen. Wir haben heute vormittag sehr allgemein, aber auch sehr differenziert gehört, was dies bedeutete, DDR-Erfahrung, die verschiedenen Repressionsmechanismen, die verschiedenen Alltagserfahrungen. Es war ein buntes Bild, das sich zeigte, wenn der einzelne befragt wird, nach seinem einzelnen persönlichen Schicksal. Wir haben heute hier Zeitzeugen eingeladen, von denen die meisten in der Öffentlichkeit nicht bekannt sind; denn das normale Schicksal ist - wie überall - zwar mit konkreten Einzelnamen verbunden. Typisch wird es aber, wenn man sich die vielen Einzelschicksale "kleiner Leute" ansieht.

Ich denke, wir können Zusammenhänge deutlicher in den Blick bekommen, wenn wir einzelne bitten, zu reden. Dies soll in den nächsten zwei Stunden geschehen. Wir haben zehn Personen eingeladen, zu uns zu reden. Aus ganz unterschiedlichen Zeiten dieser 40 Jahre werden sie berichten, mit ganz unterschiedlichen Dimensionen dessen, was ihr Leben geprägt hat.

Ich habe die schwierige Aufgabe, mit einer so großen Zahl von Zeugen innerhalb von zwei Stunden abschließen zu müssen. Das heißt, daß wir natürlich nicht fertig werden können. Ich bitte schon jetzt zu entschuldigen, wenn ich an der einen oder anderen Stelle möglicherweise straffend in das Gespräch eingreifen muß, damit nach einer ersten Runde die Möglichkeit besteht, aus dem Plenum und aus der Kommission heraus noch einige Fragen zu stellen. Außer den hier vorn Sitzenden haben sich in der Pause einige gemeldet, die selbst keine Fragen stellen, sondern ein eigenes Schicksal darstellen wollen, das in der Reihe dessen, was hier vorgetragen wird, so nicht vorkommt. Wir wollen versuchen, das auch noch mit aufzunehmen.

Wir wollen beginnen mit Herrn Karl Nali. Herr Nali ist Sorbe, war Lehrer in Bautzen und mit Berufsverbot belegt worden. Ich möchte die Reihe derer, die hier vorn sitzen, weiter vorstellen:

Herr Ralf Hirsch, den meisten als Bürgerrechtler bekannt; Frau Sylvia Mangoldt, Psychologin im Kinderheim in Erfurt; Herr Hartmut Neuke war Hochschullehrer an der Universität Leipzig; Herr Eberhard Wendel hat sechs Jahre in Brandenburg gesessen; Herr Ronald Dembicki hat mancherlei Repressionen erlitten wegen seines Ausreiseantrages; Herr Götz Gringmuth-Dallmer mußte als Jugendlicher wegen seiner Überzeugung manches durchmachen; Herr Klaus Pfleumer war privater Verleger in der DDR, womit ein entsprechendes Schicksal verbunden war. Wir warten noch auf Lutz Rathenow, der zugesagt hat, aber bisher noch nicht unter uns ist. Wir beginnen mit Herrn Nali.

<u>Sv Nali</u>: Sehr geehrte Damen und Herren! Ich gebe der Freude Ausdruck, daß mir endlich die Gelegenheit geboten wird, vor einem kompetenten Gremium mein bisheriges Schicksal darlegen zu können, das ich während zweier Diktatur durchstehen mußte.

Zum besseren Verständnis ist es erforderlich, einige Sätze über die Erlebnisse als junger Mensch im Elternhaus in der braunen Zeit zu sagen, das mein späteres Leben entscheidend prägte. Als Sohn sorbischer Eltern geboren, wuchs ich in dieser christlichen Sprach- und Lebensgemeinschaft auf. Schon als Dreizehnjähriger, 1933, lernte ich die Grausamkeiten der braunen Schergen kennen. Unser Haus wurde durchwühlt. Die Eltern als Gegner der Nazi-Partei bekannt, erfuhren in Gegenwart der Kinder eine Erniedrigung und Diskriminierung. Der Vater verlor seine

Arbeit und wurde als Buchdrucker, später als Streckenarbeiter bei der Reichsbahn - als Schwerkriegsbeschädigter! - eingesetzt und so schicksalhaft 1945 beim Einmarsch der Russen, daheim auf Befreiung wartend, erschossen.

Schon Ende Mai 1945 aus dem Lazarett entlassen, kehrte ich aus dem Krieg zurück. Politisch nicht belastet, da kein Mitglied irgendeiner faschistischen Organisation, wurde ich sofort als Neulehrer an einer Schule im Kreis Bautzen eingesetzt, die ich dann als Leiter dieser Institution aufbaute. In den ersten Jahren genoß ich politisch relativ viele Freiheiten, da man mich als Sohn eines Antifaschisten eingestuft hatte.

Doch sehr bald änderte sich die Lage grundlegend, als die SED als Partei den Totalitätsanspruch auf allen Gebieten, besonders aber im Bildungswesen, geltend machte. Kritische Stimmen wurden als "reaktionäre Machenschaften des Klassenfeindes" abgestempelt und grundlos abgeurteilt und verdammt.

So breiteten sich Angst und Schrecken, aber auch Heuchlertum, Liebedienerei, Diffamierung und Denunziation aus. Die Masse Mensch wurde mit den Jahren zum Üb- und Spielball der allgemeinen Partei mit ihren machtbesessenen Funktionären. Nur wenige brachten es fertig und den Mut auf, sich diesem Vergewaltigungsakt entgegenzustellen, was sie allerdings bitter büßen, ja da und dort mit dem Tode bezahlen mußten - dieser bittere Kelch, den auch ich an mir vorüberziehen lassen mußte: Im Zusammenhang des 17. Juni 1953 wurde ich als Lehrer fristlos entlassen.

Bevor ich Ihnen jedoch in kurzen Sätzen einen Überblick über mein Schicksal als Lehrer gebe, gestatten Sie mir, daß ich Ihnen ein Bild dieses Berufes in der ehemaligen DDR zeichne. Wer nämlich diesen Beruf nicht selbst ausgeübt hat, nicht täglich dem Druck der ideologischen Machtmaschinerie der Funktionäre und ihrer Büttel, die als Aufpasser, Informanten bzw. Zuträger dienten, angefangen beim kleinen SED-

Kollegen, dem Direktor, Fachberater und Schulinspektor, die
auf Grund ihrer Stellung weitgehend weisungsberechtigt
waren, ausgesetzt war, kann nicht einschätzen, wie es dem
kleinen parteilosen Lehrer innerhalb und außerhalb der
Schule erging, wenn er unbeschadet bestehen wollte.

Während bei dem Parteigenossen das Parteiabzeichen der
SED schon dafür sorgte, daß seine erzieherische Arbeit
positiv bewertet wurde, unterlag unsere pädagogische Tätigkeit einer ständigen Kontrolle, was mit dem Wort
"Hospitation" gekennzeichnet wurde. Und hospitieren in den
Klassen konnte fast jedermann. Viele Jahre wurde es sogar
den Elternvertretern, dem sogenannten Klassenelternkollek-
tiv, sowie dem Schulbeirat zur Pflicht gemacht, im Monat
eine gewisse Anzahl von Stunden zu hospitieren. So mußten
die Hospitanten, ob Direktor, Fachberater oder Schulinspektor, detaillierte Berichte an die übergeordneten
Dienststellen weitergeben, so daß sich die Funktionäre in
diesen Einrichtungen im Laufe von Monaten und Jahren von
jedem Delinquenten, sprich Lehrer, ein genaues Bild machen
konnten und wußten, zu welcher Gruppe er gezählt werden
konnte.

Meine Damen und Herren, Sie würden staunen, welchen
Umfang solch eine Kaderakte - so nannte man dieses
Aktenbündel, das über jeden Kollegen geführt und beim
Schulrat im Panzerschrank gelagert wurde - in seinem
Berufsleben aufzuweisen hatte. Nach der Wende hatte ich als
Kommissionsmitglied einen gewissen Einblick in diese
Machenschaften.

Diese Bespitzelung erstreckte sich jedoch nicht nur auf
die Unterrichtsarbeit; denn auch außerschulisch mußte man
als Klassenleiter eine wichtige gesellschaftliche Pflicht
erfüllen, nämlich die eines Leiters der Pionier- und FDJ-
Gruppe. Hier sollte die ideologische Erziehungsarbeit an den
Jugendlichen außerhalb des Unterrichts fortgesetzt und vertieft werden. Diese zusätzliche Tätigkeit wurde jedoch nicht
honoriert; als Lehrer seien wir ja Staatsfunktionäre. Hier

war man wiederum der Kontrolle ausgesetzt; denn für diese außerschulische Arbeit setzte man höheren Orts den hauptamtlichen Pionierleiter ein, der ausschließlich ein Genosse war und der die Tätigkeit des Klassenleiters zu überprüfen, einzuschätzen und zu bewerten hatte. Dabei bediente er sich oft auch eifriger Schüler, die in der Jugendorganisation als Gruppenratsvorsitzende fungierten und meist Kinder fortschrittlicher Eltern waren.

Eine der wichtigsten monatlichen Zusammenkünfte für die Kollegen war das "Parteilehrjahr", Teilnahmepflicht war auch für uns Nichtgenossen, wo uns durch SED-Referenten die Lehren von Marx und Lenin, kurz "ML", eingehämmert wurden. Denn man ging von der These aus, daß der nur ein guter Pädagoge sei, der diese marxistische Wissenschaft gut, richtig und nutzbringend in seinen Unterrichtsfächern anzuwenden vermochte. Damit dieser Nachmittag nicht wie ein friedlich dahinplätscherndes Gewässer verlief, war jeder Lehrer, ob Genosse oder nicht, dazu aufgefordert, sich an der Diskussion im nachfolgenden Seminar aktiv und rege zu beteiligen. Denn im Pädagogenrund saß ja ein Genosse, der fleißig die Strichliste führte, die darüber aussagte, welcher Kollege und mit welchen Antworten er sich an dem Thema beteiligte. Dadurch war es der Partei wiederum möglich, je nach der Aktivität der Kollegen und deren Diskussionsbeiträgen, sich ein Bild zu machen, wie der einzelne zum Sozialismus und somit zur Staatsmacht stand.

Vieles wäre hier noch über den grauen Alltag des Schullebens zu sagen. Doch das würde diese meine begrenzte Redezeit überschreiten. So will ich mich nun zu den persönlichen Erlebnissen äußern, die ich mit dieser Bildungseinrichtung machte. Da mir der Makel einer Braunfärbung nicht anhaftete und damit nicht vorgeworfen werden konnte, glaubte ich, mich jederzeit frei und offen zu den Machenschaften der SED-Funktionäre kritisch äußern zu können. Dies erwies sich jedoch als großer Irrtum. Inzwischen hatte sich nämlich die DDR zu einem einzigen

großen Staatsgefängnis gemausert, wo nur das Parteirecht
galt und die Funktionäre an den Andersdenkenden ihre Macht
austoben konnte.

Im Jahre 1950 stellte ich mich als 2. Kreisvorsitzender
der CDU vor unseren verehrten Landesvorsitzenden Prof. Dr.
Hickmann, der auf der Abschußliste stand. Daraufhin
verleumdete man mich als "kleinen sorbischen Hickmann" in
der deutschen und sorbischen Tagespresse, so daß mich unsere
"Flötenspieler" ablösten. So erklärte ich meinen Austritt
aus dieser Partei, deren Mitbegründer ich in meinem Ort war.

Im Zusammenhang des 17. Juni 1953 erfolgte schließlich
die fristlose Entlassung aus dem Schuldienst mit der
Begründung, meine erzieherische Tätigkeit entspreche nicht
den Grundsätzen der demokratischen Schule. Ein arbeitsge-
richtlicher Einspruch hatte keinerlei Erfolg, so daß ich mir
durch lapidare kritische Äußerungen ein siebenjähriges Berufsverbot einhandelte.

Nach meiner Wiedereinstellung 1960 stand ich unter
ständiger Kontrolle und Bespitzelung durch SED-Genossen. Zum
Beispiel bei Elternabenden saß ständig ein Funktionär bzw.
Genosse im Raum, der meine Äußerungen protokollierte.

Meine Besoldung erfolgte als Unterstufenlehrer, wobei
ich nur in den fünften bis achten Klassen unterrichtete,
nämlich Physik und Mathematik, und einen dreieinhalbjährigen
Weiterbildungskurs im Fach Mathematik aufzuweisen habe und
mit dem Prädikat "gut" abschloß.

Es wäre noch vieles zu sagen. Ich bekomme gerade einen
Zettel gereicht: "Das soll mal genügen." Nur frage ich mich
manchmal, wie ein Mensch - ich bin 72 - das all die Jahrzehnte durchstehen konnte. Viele Jahre habe ich auf die
Westpolitiker gehört, die mir sagten: Ausharren, gebt diesen
Beruf nicht den Funktionären preis! Aber meine Devise war -
ich bin ein strenggläubiger Christ, ich habe Lavater, den
Philosophen, als Leitmotiv gewählt -: "Erwarte von den Menschen wenig oder nichts, aber alles von Gott, der nie näher
ist, als wenn er am entferntesten scheint."

Ich danke für Ihre Aufmerksamkeit.
(Beifall)


Diskussionsleiter Markus Meckel: Ganz herzlichen Dank,
Herr Nali. Es tut mir leid, daß ich Sie an die Zeit erinnern
mußte. Es ist sehr schwierig, Zeitzeugen, die natürlich aus
ihren Herzen und Erlebnissen heraus lange reden könnten,
dann immer wieder an einen engen Zeitrahmen erinnern zu
müssen. Herr Wendel, Sie bitte als nächster.


Sv Wendel: Ich möchte es kurz machen, insbesondere was
mein Schicksal betrifft. Darüber soll man nicht viele Worte
machen. Ich bin Bundesbürger, Braunschweiger, habe dort mein
Abitur gemacht, habe in Westberlin studiert, habe beim Rias-
Jugendfunk mitgearbeitet und bin aus Versehen am Potsdamer
Platz am falschen S-Bahnausgang ausgestiegen, und schon war
ich bei der Staatssicherheit. Nach Untersuchungshaft bei
Staatssicherheit und NKWD wurde ich insgesamt zu zehn Jahren
Zuchthaus verurteilt und habe die Zeit in Brandenburg abge-
sessen.

Das ist mein Schicksal. Ich möchte es dabei bewenden
lassen. Ich möchte nur noch sagen: Seit November 1989 kennen
wir uns, Herr Ullmann und ich, vom Runden Tisch in Nieder-
schönhausen. Ich habe in der Volkskammer mitgearbeitet.

Lassen Sie mich aber noch vier Bemerkungen machen, Herr
Meckel, zu dem, was heute vormittag gesagt wurde. Wie geht
es einem Häftling, der 30 Jahre über seine Leidenszeit
nichts sagen durfte? Das ist etwas, was bis jetzt noch nicht
gesagt wurde. Ich muß Ihnen sagen: Wenn ich nicht eine so
gute Ehefrau gehabt hätte - das ist nicht übertrieben -,
hätte ich die Zeit damals im November, als sich die Mauer
öffnete und wir auf die Straße gingen, nicht überstanden.
Den Infarkt habe ich erst ein Jahr später bekommen. Diese 30
Jahre Verdrängung machten dann einer schmerzlich lauten
Hafterinnerung Platz, die dann noch verstärkt wurde durch

das Bewußtsein, daß die Einheit des Vaterlandes in Sicht
ist.

Das sind Erlebnisse, die ich nur in dürre Worte kleiden
kann, und ich möchte Ihnen, meine Damen und Herren, nur
sagen, daß es etwas Erhebendes ist, wenn man als Häftling
das noch erleben darf.

Hier komme ich zu einem zweiten Punkt, der heute auch
schon besprochen wurde. Das ist die Frage des Motivs eines
Bürgers des untergegangenen Staates DDR - Gott habe sie
selig - dafür, daß es nicht nur Anpassung, sondern daß es
auch viel Verhalten gab, das aus reiner Todesangst resul-
tierte. Wer wie ich viele Jahre im Zuchthaus gesessen hat
und wem die linke Niere zerschlagen wurde in Untersuchungshaft, der hat Todesangst. Der hat Todesangst, wenn er ahnt,
daß die Staatssicherheit ihn beobachtet. Ich bin dann noch
sieben Jahre lang observiert worden. Diese Todesangst ist
dann der ständige Begleiter. Die Angst, die über einem ist,
ist übermächtig und diktiert ein innerliches - ich bin kein
Psychologe, ich muß es einmal so nennen - Zittern immer
dann, wenn man die Macht spürt. Zum Beispiel wenn mich der
Parteisekretär, der genau wußte, wer ich war, nur schief
oder starr ansah, bekam ich schon Angst. Wenn man sein
eigenes soziales Umfeld aufbauen will, eine Familie also,
wird es noch schwerer, weil es dann nicht nur dich selbst
betrifft; denn die Hitlersche Sippenhaft gab es ja in der
kommunistischen Diktatur ebenfalls, so daß man auch Angst
haben mußte um die eigene Frau, um die eigenen Kinder.

Eine ganz wichtige Bemerkung zu dieser Motivation. In
dem Schulungsmaterial der Hochschule der Staatssicherheit in
Potsdam-Eiche wurde die Furcht beim "Faktor Mensch" theoretisch zum Ansatz gebracht, um die Menschen zu steuern. Die
Furcht war also gewollte Stasi-Strategie.

Eine zweite Bemerkung. Man muß sich natürlich überle-
gen, daß der DDR-Bürger, dessen Motivation eben durch diese
Faktoren bestimmt war, auch ein weiteres hatte: die alte
Bundesrepublik. Das, was er im Rundfunk hörte und was ihm

über das Fernsehgerät in die Wohnung kam, war seine Verbindung, seine Brücke. So reputierlich die alte Bundesrepublik mit der Altherrenriege in der Politbürokratie umging, so schlug die Stimmung im Wohnzimmer des einzelnen ein. Ich sage Ihnen das ganz offen. Es hat bei uns jedenfalls keiner verstanden, daß einem Herrn Honecker ein roter Teppich ausgelegt wurde.

(Beifall)

Ich habe mit Tränen vor dem Fernsehgerät gesessen und mich gefragt, wieso das eigentlich passieren konnte. Das gehört auch dazu, wenn wir über die Geschichte der DDR sprechen: Dann müssen wir auch die Geschichte der Altbundesrepublik mit einbeziehen.

(Beifall)

Sonst wird das Bild nicht vollständig, verehrter Herr Vorsitzender.

(Vorsitzender Rainer Eppelmann: Das wissen wir!)

Deswegen meine ich, daß die Reputation, die sich die alte Bundesrepublik gab und zeigte, für uns auch eine Motivation war. Daher meine ich, daß wir diesen Aspekt nicht außer acht lassen dürfen.

Noch einen dritten Punkt, bitte. Die Bürger der alten Bundesrepublik hatten es nach einer Übergangszeit und einer nicht ganz bewältigten Vergangenheit der nationalsozialistischen Diktatur relativ schnell gelernt, eine wirkliche Demokratie aufzubauen, die für uns Vorbild war. Ich darf das einmal so sagen: Der Bundesbürger lebte uns Demokratie vor. Aber das Schlimme in diesem Land der 16 Millionen, die nicht das Glück hatten, einer amerikanischen, britischen oder französischen Besatzungsmacht zu unterliegen, war, daß diese Menschen gezwungen waren, nach zwölf Jahren brauner Diktatur weiterhin 40 Jahre lang Diktatur zu erleben. Das heißt, diese insgesamt 57 Jahre ununterbrochene Diktatur prägen zwei Generationen von Menschen in diesem Lande.

Wenn wir schnell oder vorschnell urteilen über diese Menschen, die über ein halbes Jahrhundert fürchterliche Diktatur erleben haben mußten, müssen wir auch beachten, daß die anderen eine viel bessere Vergangenheit haben und nicht unter Angst und Knute leben mußten. Das wollte ich nur noch einmal zu bedenken geben und bedanke mich für die Aufmerksamkeit.

(Beifall)

**Diskussionsleiter Markus Meckel:** Vielen Dank, Herr Wendel. Sie haben an der Reaktion gemerkt, daß Sie manches getroffen haben, was andere auch bewegt. Frau Rührdanz möchte ich nun bitten, von sich und ihrem Schicksal zu erzählen.

**Sve Rührdanz:** Ich habe mir sehr, sehr oft die Frage gestellt: Warum wurde ich 1963 ein Opfer? Mein Schicksal ist eigentlich ein rein menschliches. Und wie ging man in dem Staat DDR damit um? Ich will es kurz anreißen.

Im Januar 1961 wurde mein Sohn geboren, von Anfang an ein Problemfall, ein Sorgenkind, teilweise Fehlbehandlung der behandelnden Ärzte. Torsten konnte hier nicht richtig behandelt werden. Ich habe ihn in die Westend-Klinik gebracht. Dort ist ihm sehr schnell geholfen worden. Er befand sich auf dem Wege der Besserung - unter einer Bedingung: Heilernährung und Medikamente, die es damals nur im Westen gab. Der DDR-Staat stimmte dieser Sache zu. Torsten kam im Juli 1961 zu mir nach Hause. Ich durfte die Medikamente und die Heilernährung einführen mit Genehmigung des Gesundheitsministeriums der DDR.

Dann kam die Mauer, und die ganze Geschichte war aus und zu Ende. Die Folge: Rückfallerkrankung meines Sohnes. Da man ihm hier wiederum nicht helfen konnte, wurde er am 28.08.61 in die Westberliner Klinik zurückverlegt. Damit begann dann unsere Trennung, wie ich sage: "Mir ging die Mauer mitten durchs Herz." Ich war nun von meinem Sohn getrennt, konnte ihn nicht besuchen. Wir konnten keinen Kontakt aufnehmen außer dem schriftlichen.

Damals begann mein Kampf mit den Behörden, der sehr schwierig war. Wir alle lebten hier und wissen, wie schwierig Kampf mit Behörden zu damaliger Zeit war. Sie waren teilweise sehr allergisch. Irgendwann gelang es mir dann doch, einen Passierschein zu erhalten zur Nottaufe meines Sohnes im Krankenhaus. Ich habe Torsten besucht für wenige Stunden. Ich wußte nicht, ob das eine einmalige Sache ist oder ob es wiederholt werden kann. Ich kam zurück, kämpfte wieder um Passierscheine.

Es gab große Schwierigkeiten, so daß wir uns entschlossen, die DDR zu verlassen aus Gründen der Zusammenführung. Es war schwierig. Ich versuchte Kontakt aufzunehmen, einmal wegen der Beschaffung von Pässen, dieser Versuch schlug fehl, dann wegen der Flucht durch einen Tunnel. Auch diese Sache ging schief, und die Verhaftung stand an, das war abzusehen. Ich wurde dann 1963 verhaftet. Das will ich einmal anhand meines Textes schildern, sonst heule ich mich hier kaputt.

Im Februar 1963 wurde ich auf offener Straße von Stasi-Schergen in ein Auto gedrückt und in die berüchtigte Stasi-Haftanstalt Hohenschönhausen verschleppt. Zunächst wußte ich allerdings nicht, wohin man mich gebracht hatte. Ebensowenig erfuhren das meine nächsten Angehörigen und mein Anwalt. Erst Jahre nach meiner Haftentlassung erhielt ich Kenntnis davon, wo ich eingesperrt gewesen war.

Die Untersuchungshaft, fünf Monate insgesamt, war mitunter grausam und brutal. So wurde ich gleich zu Beginn 22 Stunden lang verhört. Zwischenzeitlich erwähnte man beiläufig, daß mein Mann auch hier sei. Wie ich später erfuhr, war das in der Haftanstalt in der Magdalenenstraße. Danach zwei Stunden Ruhe, dann Abtransport in einer geschlossenen "Grünen Minna" zur Haftanstalt Hohenschönhausen. Dort schlossen sich 14 Tage mit stundenlangen Verhören an, teilweise auch nachts. In der Nacht blieb das Zellenlicht bren-

nen. Alle drei Minuten wurde dann durch den Spion geschaut.
So litt man ständig unter Schlafentzug. Die sogenannte
Nachtruhe dauerte ohnehin nur von 22.00 bis 05.00 Uhr. Die
übrige Zeit saß man auf einem kleinen Holzschemel ohne
Rückenlehne vor einem kleinen Holztisch. Anlehnen oder
Kopfaufstützen waren strengstens verboten. Leseerlaubnis
erhielt man frühestens nach Abschluß der Vernehmungen, wenn
überhaupt. Jede kleinste Zuwiderhandlung gegen die An-
staltsordnung wurde bestraft. Einmal bekam ich deshalb drei
Tage Matratzenentzug und mußte auf der kahlen Holzpritsche
nächtigen. Die Folgen waren faustgroße Blutergüsse auf dem
Rücken.

Vernommen wurde ich hauptsächlich von einem Oberleut-
nant. Nie habe ich seinen Namen erfahren. Nur wenn er nicht
weiterkam, wurde ein Hauptmann eingeschaltet. Zwischen
Häftling, Wächter und Läufer fanden keine Gespräche statt.
Auch begegnete man nie einem Mitgefangenen.

Hielt man sich nicht an die Anweisungen, so drohte
Arrest oder die Gummizelle. Zwei davon gab es im Kellerge-
schoß in Hohenschönhausen. Ich habe miterlebt, wie jemand
dort etwa drei Wochen zugebracht hat. Seine Schreie ver-
gesse ich nie mehr in meinem Leben. Diesen Menschen hat man
richtig fertiggemacht. Als ich zum Saubermachen in die
Gummizelle abkommandiert wurde, habe ich Blutspuren und Kot
beseitigen müssen.

(Rednerin schluchzt, kämpft mit Tränen.)

Jetzt habe ich den Faden verloren ... Bei den Vernehmungen passierte dann auch etwas ganz Schlimmes, daß mein
Vernehmer mir angetragen hat: Sie können als freier Mensch
diese Anstalt verlassen - wir wissen noch gar nicht so
recht, was wir mit Ihnen anfangen sollen -, oder Sie kriegen
eine sehr lange Haftstrafe. - Das Ergebnis war, man legte
mir einen Schein vor, angeblich ein Passierschein zu meinem
Sohn, daß ich meinen Sohn hätte im Krankenhaus besuchen
dürfen, der damals künstlich ernährt wurde, so schwer krank
war er. Insgesamt ist er viereinhalb Jahre künstlich ernährt

worden. Man sagte mir, ich könnte dahin gehen. Aber als ich nach dem Preis fragte, verlangte man von mir, daß ich mich mit einem damaligen Soziologiestudenten treffen sollte, der mir behilflich war bei der Paßbeschaffung für die ehemals geplante Flucht. "Und alles andere machen wir", behauptete Stasi. Da das für mich wiederum eine Geschichte war, der ich überhaupt nicht folgen konnte, habe ich natürlich nein gesagt. Das Ergebnis: vier Jahre Zuchthaus. Ich wollte mich nicht schuldig machen, irgendeinen Menschen ins Unglück zu stürzen. Vier Jahre Zuchthaus habe ich dann auf mich genommen. Wir wurden dann allerdings nach 19 Monaten freigekauft. Über den Freikauf möchte ich auch noch etwas berichten.

Die Strafe wurde also nicht voll verbüßt. Dank der Freikaufaktion wurden wir nach 19 Monaten, im August 1964, wieder auf freien Fuß gesetzt. Aber wir erhielten keine ordentlichen Entlassungspapiere. Wir erhielten überhaupt keine Papiere, was wiederum ein Beweis dafür ist, welch rechtswidrigem Verhalten wir ausgesetzt waren und blieben.

Unseren immer noch im Krankenhaus befindlichen Sohn konnten wir auch nach der Entlassung nicht besuchen. Ja, man hat uns für 40 000 DM Freikaufgebühr je Person nicht einmal nach dem Westen entlassen.

Danach vergingen noch acht Monate, bis wir unser Sorgenkind in die Arme nehmen konnten. Da war er dann bereits fast fünf Jahre alt und sprach uns mit "Sie" an. Was Eltern sind und bedeuten, hat er erst viel, viel später begreifen gelernt.

Dazu möchte ich noch sagen, daß, als Torsten entlassen wurde, ich ihn schnellstens nach Hause nehmen mußte. Innerhalb von zwei Stunden mußte ich mich auf diese Entlassung vorbereiten und durfte ihn dann holen. Es gab eine ganz schwierige Situation, ihn zurückzuführen. Torsten kriegte Angstausbrüche; er wußte gar nicht, wer die Mutter ist und daß es eine Mutter ist. Es war für ihn eine wildfremde Person. Ihm lief die Schweiß herunter. Mein Sohn sitzt unter den Zuhörern.

Wir bekamen dann auch Hilfe von allen Seiten. Denn man stellte fest, daß im Krankenhaus eine Gelbsucht ausgebrochen war. Der damalige Stationsarzt Dr. Hilsberg hatte sich bereiterklärt, Torsten die Medikamente hier herzubringen, zu schleusen, die wir hier wiederum nicht erhalten haben. Es gab dann Hilfe von allen Seiten, und der Name Hilsberg ist inzwischen auch sehr bekannt.

Dann hatten wir natürlich keine Papiere, weder eine Anklageschrift noch ein Urteil noch Entlassungspapiere. Ich habe nach der Wende darum gekämpft. Jetzt, zwei Jahre nach der Wende, habe ich endlich meine Anklageschrift erhalten, 29 Jahre danach. Da geht es mir so wie meinem Herrn Vorredner, daß ich glaubte, ich hätte die Sache längst verdrängt, ich hätte sie unter den Teppich gekehrt, ich würde damit nicht mehr zu tun bekommen. Aber es ist alles wieder da, und es muß darüber gesprochen werden. Es muß über diese Schandtaten berichtet werden.

Ich bin inzwischen rehabilitiert, aber - ich beklage mich darüber - wiederum ohne Anhörung. Es haben drei West-Richter über meinem Urteil gesessen, haben mich rehabilitiert. Ich wurde wiederum zum Inhalt nicht gehört und habe wieder meinen Vernehmer nicht sprechen können. Ich hatte die Bedingung gestellt, Rehabilitation nur dann, wenn ich mit meinem Vernehmer gemeinsam vor den Richtertisch treten kann, damit ich nicht gegen ihn irgend etwas aussage, was er vielleicht wiederum anzweifeln könnte, und dann geht der Eiertanz von vorn los. Dann heißt es wieder: Falsche Beschuldigungen, die Realitäten sahen ganz anders aus usw.

Jetzt sitze ich da mit meiner Rehabilitation, habe vielleicht eine Entschädigung zu erwarten; mir ging es aber um die inhaltliche Aufarbeitung. und die ist damit nicht erfolgt. Das ist mein Schicksal.

(Beifall)


Diskussionsleiter Markus Meckel: Haben Sie ganz herzlichen Dank, Frau Rührdanz, für Ihren ergreifenden Bericht.

Sie haben erwähnt, daß Ihr Sohn Torsten unter uns sitzt. Es
ist schön, daß Sie mit dabei sind.

(Beifall)

(Sigrid Rührdanz: Vielleicht darf ich
noch ganz kurz anführen: Im
"Stacheldraht", Heft 5, ist unser
Schicksal in Kurzfassung beschrieben:
"Mir ging die Mauer mitten durchs
Herz.")


Danke schön. Wir erleben die große Unterschiedlichkeit
einzelner Schicksale aus unterschiedlichen Zeiten. Es war
ein Charakteristikum in der DDR, daß man voneinander kaum
etwas wußte, daß die Erfahrungsbereiche oft wie durch
schwere Mauern voneinander getrennt waren. Deshalb ist es so
wichtig, daß wir heute miteinander reden können und reden
lassen können. Ganz herzlichen Dank denen, die bisher geredet haben. Als nächsten möchte ich Ralf Hirsch bitten zu
reden.


<u>Sv Hirsch:</u> Nach dem eben Gehörten fällt es mir schwer,
überhaupt zu reagieren, weil mir wieder einmal bewußt wird -
ich komme aus Oppositionsgruppen, die auch innerhalb der
Kirche aktiv waren, aber danach auch in der Initiative
"Frieden und Menschenrechte" -, wieviel Schutz wir eigentlich hatten und wie sicher wir in diesem Lande doch arbeiten
konnten im Gegensatz zu dem eben Gehörten. Die Sicherheit,
die wir dort erleben konnten - darüber möchte ich sprechen,
weil es bis jetzt immer ein Tabu-Thema war und erst in den
letzten Wochen zur Sprache kommt -, haben wir uns nicht
selbst aufgebaut, sondern wir hatten zahlreiche Leute, die
uns dabei geholfen haben. Ich möchte versuchen, es an meinem
persönlichen Beispiel deutlich zu machen.
In jungen Jahren, ich war etwa 16, beschlossen wir in
einem kleinen Freundeskreis, eine Eingabe an den Staatsrats-
vorsitzenden Honeckar zu schreiben mit der Bitte, doch, um

die Friedenspolitik der DDR etwas deutlicher zu machen, kein
Kriegsspielzeug zu verkaufen. Wir waren damals naiv und
dachten, wir bekämen darauf eine gute Reaktion, denn das
wäre doch ein guter Vorschlag. Eines Tages klingelte es bei
unseren Eltern an der Tür, und die Kriminalpolizei nahm uns
fest mit der Behauptung, wir seien eine kriminelle Vereinigung. Wir haben das nicht verstanden, meinten, die müßten
unseren Brief falsch verstanden haben, und schrieben wieder
einen mit der Bitte, diesen doch etwas genauer zu lesen: Wir
sind keine kriminelle Vereinigung, sondern wollen ein Zeichen nach außen setzen, einen Vorschlag machen. Ich sehe
heute aus meinen Akten, daß damals die Maschine des OV Blau-
vogel begann, also eine operative Bearbeitung durch das
Ministerium.

Jahre später erst, nach Haft, nach Jugendhaus, war ich
aktiv, dann im Friedenskreis der Samaritergemeinde. Wir
sammelten dort wiederum Unterschriften gegen Kriegsspielzeug
und machten die Erfahrung, daß wir dort Schutz, Freiräume
hatten, die wir eigentlich nicht kannten, die für uns neu
waren. Ich machte aber auch die Erfahrung, daß viele, die
Unterzeichner waren, von der Staatssicherheit vernommen und
aufgefordert wurden, ihre Unterschrift zurückzuziehen.

Eines Tages kam zu mir ein "Stern"-Korrespondent, der
davon hörte, und wollte Genaueres erfahren. Wir haben offen
darüber gesprochen und ihm geschildert, wie die Situation
war. Er hat darüber berichtet. Das war für die Betroffenen
ein Schutz, andere Medien hatten auch berichtet. Die Öffentlichkeit in der DDR erfuhr vieles aus der Weltpresse. Ihre
eigenen Medien waren verschlossen. Wir erfuhren nicht nur
etwas aus der Weltpresse, sondern wir hatten auch Kontakt,
wir in den Oppositionsgruppen, zu West-Journalisten, zu
Diplomaten, zu Bundestagsabgeordneten aus der ehemeligen
Bundesrepublik. Das war für uns eine Schutzfunktion, das war
für uns aber auch ein Mittel, unsere Informationen, unsere
Zielvorstellungen weiterzutransportieren, anderen Anregungen
zu geben, und der Versuch, eine bestimmte Öffentlichkeit zu

schaffen. Denn die eigene Öffentlichkeit in der DDR war geschlossen, in sie war nicht einzubrechen.

In meinen letzten Jahren vor meiner Ausbürgerung 1988 hatte ich sehr viele Kontakte zu Journalisten und Diplomaten. Wir haben diese bewußt genutzt. Sie waren für uns eine große Hilfe. Heute noch muß ich vielen danken. Sie waren für uns auch Transportwege. Informationen, die aus dem Land hinaus sollten, sind über Journalisten und Diplomaten gegangen. Informationen kamen herein. Es wurde eine isolierte Meinungsbildung durchbrochen; sie haben uns sehr unterstützt, sie waren für uns - das sage ich auch auf Grund der aktuellen Diskussion in den letzten Wochen - sehr wichtig. Sie hatten auch Schutzfunktion. Sachen, die in der DDR geschehen sind, wurden berichtet, und Öffentlichkeit war auch Schutz.

Ich meine, daß in den Oppositionsgruppen eine einheitliche Meinung darüber herrscht, daß dieser Kontakt unumgänglich und unverzichtbar war. Wer heute versucht, diesen Kontakt auszulegen als zu große Abschöpfung, Agententätigkeit oder ähnliches, der macht sich zum Erfüllungsgehilfen der Stasi. Denn ich sehe aus meinen Akten, daß sie jahrelang versucht hat, diese Kontakte hinzustellen als etwas, was sie nicht waren, nämlich als Agententätigkeit.

Wir haben offen über alle Probleme gesprochen. Vielen Korrespondenten und Journalisten in der ehemaligen DDR, unter anderem die langjährigen Korrespondenten von APD, Spiegel oder Frankfurter Rundschau, müssen wir heute noch danken; denn vieles in diesem Land wäre ohne ihre Hilfe nicht geschehen.

(Beifall)

Die Herausgabe von "Grenzfall" oder von Oppositionszeitschriften wäre nicht möglich gewesen, hätte es nicht Leute gegeben, die sich nicht erpressen ließen und die nicht Angst hatten vor diesem Machtapparat, sondern die gesagt haben: Information ist etwas Wichtiges, und wir helfen euch dabei.

(Beifall)

<u>Diskussionsleiter Markus Meckel:</u> Herzlichen Dank, Ralf Hirsch, für den Bericht aus einem Erfahrungsbereich, der mir persönlich am nächsten ist. Als nächsten bitte ich Ronald Dembicki, zu uns zu sprechen.

<u>Sv Dembicki:</u> Ich möchte meine Ausführungen sehr kurz halten und einen Fall schildern, der die Ausreisepraxis betraf, die sicherlich viele hunderttausend Menschen ähnlich erlebt haben.

Fünf Jahre nach 1976, also am 6. Oktober 1981, war ich mit meiner Frau soweit, daß wir den Ausreiseantrag bei den dafür vorgesehenen Behörden, Rat des Stadtbezirks Friedrichshain, abgaben. Wir waren natürlich vorbereitet auf alle Dinge. Man hörte damals schon sehr viel über Repressalien gegenüber Ausreiseantragstellern. Mir wurde gleich verbindlich gesagt, daß ich meine Tätigkeit - ich war damals im öffentlichen Dienst, bei der BVB (Berliner Verkehrsbetriebe) - in absehbarer Zeit, also in den nächsten Tagen, verlieren würde und daß von mir - wörtlich - "kein Hund mehr einen Knochen nehmen" würde. Man wollte mich praktisch damit zwingen, innerhalb von acht Tagen meinen Ausreiseantrag zurückzunehmen, oder ich müßte die Konsequenzen voll tragen.

Wir haben den Antrag nicht zurückgenommen, ich in Absprache mit meiner Frau. Die Kinder waren damals zehn und elf Jahre alt. Ich wurde dann auch nach acht Tagen fristlos bei den BVB gekündigt wegen staatsfeindlichem Verhalten. Man hätte für solche Leute, die "Verrat an der DDR" üben, in einem öffentlichen Betrieb keinen Platz mehr. Die Repressalien setzten sich fort. Ich versuchte vergebens, in Berliner Großbetrieben eine neue Tätigkeit als Kraftfahrzeugschlosser, als Kraftfahrer aufzunehmen. Die Zusammenarbeit mit den staatlichen Organen funktionierte also.

Man kann nicht immer nur die Krake Stasi sehen. Ich sehe es auch heute so, daß viele damals über ihren Kompetenzbereich hinaus sich an den Menschen vergangen haben. Sie schieben heute leider die Verantwortung sehr weit von sich

weg. Früher hatten sie alle große Kompetenzen: Abteilungs-
leiter, Kaderleiter. So könnte man viele aufzählen. Aber sie
versuchen heute die Schuld von sich zu weisen.

Ganz kurz die Reihenfolge der Repressalien: Man drohte
von seiten der Schule und vom Rat des Stadtbezirks Friedrichshain, Abteilung Innere Angelegenheiten, man könne nicht
zulassen, daß die Kinder gegen den Staat erzogen würden, und
wir sollten uns darüber klarwerden, daß man uns die Kinder
entziehen könne.

Wir lebten ein Jahr von unseren Ersparnissen. Dann
wurde das Auto verkauft und unsere Einrichtung. Wir hatten
uns ein Jahr vorher neu eingerichtet. Möbel und gute Ge-
brauchsgüter waren in der DDR nicht billig, das weiß jeder.
Wir hatten lange gespart. Wir lebten jedenfalls gut anderthalb Jahre von unseren Ersparnissen und vom Verkauf unseres
Mobiliars. Anschließend war dann alles verbraucht. Wir hatten eigentlich immer Angst gehabt.

Wir lernten dann zufälligerweise die Samaritergemeinde
kennen. Ich kann den Kirchen in der gesamten ehemaligen DDR,
nicht nur in Berlin, nur einen großen Dank aussprechen, denn
sie waren damals ein Sammelbecken für viele Menschen, für
junge Menschen, aber auch für ältere, für Menschen, die
verzweifelt waren, die Probleme hatten, z. B. mit dem Wehrdienst, die in vielen Fragen mit dem Staat einfach nicht
mehr klarkamen und sich dort getroffen haben, wo Menschen
miteinander sprechen konnten. Ich hatte das Glück, mich damals der Samaritergemeinde anschließen zu können, und wurde
bis zu meiner Ausreise als teilbeschäftigter Mitarbeiter der
Kirche, als Haushandwerker, angestellt und bin bei vielen
Gliedern der Gemeinde bis heute noch tätig. Denn ohne die
Hilfe dieser Leute noch weit über ein Jahr hätten wir das
nicht unbeschadet geschafft.

Ich möchte nur noch bemerken: Als wir ausgereist sind,
wog meine Frau 37 kg. Sie mußte noch einmal ärztlich vorgeführt werden, weil man sagte, man lasse keine kranken Men-

schen aus der DDR ausreisen. Wir sind am 1. März 1984 glück-
lich aus der DDR ausgereist.

Vielen Dank.

(Beifall)


**Diskussionsleiter Markus Meckel:** Herzlichen Dank, Herr
Dembicki. Als nächste bitte ich jetzt Sylvia Mangoldt aus
Erfurt.


**Sve Mangoldt:** Zunächst möchte ich für die Einladung
danken und vorausschicken, daß mich die Schicksale, die ich
jetzt höre, sehr betroffen machen. Ich stelle dabei fest,
daß meine eigene Verdrängung die ganze Zeit über ziemlich
gut funktioniert hat. Ich habe aber während der Ausarbeitung
dieser Darlegungen bemerkt, daß ich mich noch einmal intensiv damit beschäftigen muß, und habe auch eine Ahnung davon
bekommen, warum mich meine Arbeit jetzt im Kinderheim - ich
habe vor einem Jahr auch wieder im Kinderheim gearbeitet,
dann nach der Wende - wieder so sehr emotional betroffen,
oft aggressiv gemacht hat: weil ich mit Erziehern und mit
Problemen zu tun hatte, die ich schon vor der Wende kannte.

Ich möchte noch eines zur heutigen Anhörung sagen. Ich
finde es schade, daß so wenig Öffentlichkeit da ist.

(Beifall)

Ich würde es aber noch schlimmer finden, wenn bei der Presse
das Bild derart entstehen würde, daß sich das aus Mangel an
Interesse so darstellt. Das ist aber auf keinen Fall so,
sondern das ist einfach ganz schlecht publiziert worden.

(Beifall)

Jetzt einige Anmerkungen zu den Erfahrungen, die ich in
dem Kinderheim in Erfurt gemacht habe. Ich habe dort im
August 1988 nach meinem Psychologiestudium zu arbeiten begonnen und war dort die einzige Psychologin. Ich hatte vorher von meiner Familie, weil wir auch oft die Erfahrung gemacht hatten, daß Widerstand überhaupt nichts bringt, daß
das nur Mundverbrennen ist, mit auf den Lebensweg bekommen:

Schweig lieber, wenn etwas ist, was gegen deine Meinung geht; so brauchst du dir nicht den Mund zu verbrennen, brauchst aber auch nicht zu lügen.

Ich habe das lange Zeit durchgehalten, weil ich mein Psychologiestudium gern abschließen wollte. Das war aber für mich mit einer moralischen Verpflichtung verbunden, daß ich dann den Mund aufmachen wollte, wenn ich mein Ziel erreicht hatte. Das war dann mit der Arbeitsaufnahme im Kinderheim geschehen. Dort sollte ich dann oft die Gelegenheit bekommen, Widerstand zu zeigen, meinen Mund aufzumachen.

Es ging zunächst um den streng reglementierten Tagesablauf der Kinder, der meinen Widerspruch hervorrief. Neben Wäschetausch, Arbeitsgemeinschaften, die obligatorisch waren, dann im 14täglichen Rhythmus "Schulmittwoch", das hieß, obligatorische Veranstaltungen in der Schule zu besuchen, Pioniernachmittag, Studienjahr oder dann im Wechsel der Heimmittwoch, der vom Erzieher 14täglich organisiert wurde, neben der Geländereinigung, die wöchentlich obligat war, und der Großreinigung, die immer freitags stattzufinden hatte, anschließend Zimmerdurchgang und Punktbewertung, gab es ständig irgendwelche Verpflichtungen, die die Kinder zu erfüllen hatten. Von 18.30 bis 18.50 Uhr hatten sie dann 20 Minuten Freizeit. Es hing dann aber auch vom jeweiligen Erzieher ab, von seinem Dienst, von seiner Laune, von seinen Arbeiten, die er bis dahin geschafft oder auch nicht geschafft hatte, ob sie die 20 Minuten zugesprochen bekamen. Diese Freizeit mußte dann allerdings, je nachdem, entweder im Gruppenbereich oder draußen stattfinden, weil nur ein Erzieher für die gesamte Gruppe vorhanden war, und er konnte sich ja nicht zweiteilen. Also alle Kinder - es waren 12 bis 18 - mußten dann gemeinsam irgendein Spiel machen. So stellte sich in der Regel "Freizeit" dar.

Nach diesen 20 Minuten Freizeit hatten die Kinder 20 Minuten Schuhputzappell zu absolvieren, mußten also ihre Schuhe putzen, sich in Reih und Glied aufstellen, und dann meldete ein Kind an den Erzieher: "Alle Kinder sind zum Schuhputzappell angetreten, die Schuhe sind geputzt."

Das waren die Dinge, die ich mich weigerte mitzumachen, wodurch ich dann auch in die Schußlinie geriet.

Zweimal wöchentlich wurde Fernsehen erlaubt. Dienstags und donnerstags waren Fernsehabende. Dann durften die Kinder den Film ihrer Wahl anschauen, der nach der Aktuellen Kamera lief. Oft wurde es von den Erziehern so gehandhabt, daß daran eine Bedingung geknüpft wurde: Wenn ihr den Film eurer Wahl sehen wollt, müßt ihr vorher die Aktuelle Kamera sehen!

Dieses strenge Tagesregime ließ auch wenig Zeit für psychologische Gespräche mit den Kindern und therapeutische Maßnahmen, wie sich versteht. Absolute Priorität hatte der strenge Tagesablauf. Ich mußte mir meine Zeit mit den Kindern immer irgendwie ertricksen.

Zu diesem Tagesablauf, der für mich unwürdig war, gegen den ich mich ständig wehrte und Widerstand anmeldete, kamen auch die allgemein gängigen Disziplinierungs- und Bestrafungsmethoden, bei denen die Kinder und Jugendlichen ganz systematisch drangsaliert wurden, z. B. schlagen, in den Hintern treten, Finger umknicken, in die Besenkammer einsperren. Ausgangs- oder Heimfahrtsperren wurden von den schulischen Kopfnoten abhängig gemacht; das waren damals Fleiß, Ordnung, Mitarbeit und Betragen.

Suizid-Absichten, die die Kinder äußerten, wurden belächelt oder ignoriert oder auch verbal unterstützt, indem man sagte: "Ach, das traust du dich doch sowieso nicht!" Oder: "Mach das doch einfach mal!"

Objektives intellektuelles Unvermögen, z. B. bei Hilfsschulkindern, wurde mit Äußerungen wie: "Du Arsch hast ja sowieso nur Scheiße im Kopf!" kommentiert. Die Eltern der Kinder wurden beschimpft, erniedrigt, schlechtgemacht. Erziehungsweisheiten von den älteren Erziehern wie: "Du mußt die Kinder an ihrer wunden Stelle treffen, bei ihren Eltern, ihrer Familie, ihren schulischen Leistungen", damit könne man sie seelisch und moralisch kaputtmachen, dann würde sich

der gewünschte Erziehungserfolg bei den Wänstern schon ein-
stellen, wurden an die jüngeren Erzieher weitergegeben.

Halbjährlich wurden von den Kindern schriftliche Ver-
pflichtungserklärungen zu schulischen und gesellschaftlichen
Leistungen abgefordert und anschließend auch halbjährlich
auf Einhaltung kontrolliert, wobei man nicht von dem
tatsächlichen Leistungsvermögen gerade bei schulischen Leistungen ausging, sondern von dem, was die Erzieher oder die
Lehrer erwarteten.

Bei Verstößen gegen Regeln und Normen des Heimlebens -
Entweichungen, Auffälligkeiten in der Schule, Diebstähle,
Rauchen - wurden ebenfalls schriftliche Verpflichtungserklä-
rungen abgefordert. Die Kinder mußten, für alle sichtbar, im
Tagesraum der Gruppe dann eine Erklärung anpinnen, auf der
zu stehen hatte, welches Delikt sie begangen hatten, warum
und welche Maßnahmen oder welche Konsequenzen sie für sich
erwarten oder einzugehen gedenken.

Ich nutzte den Fachzirkel - das war der monatliche Ge-
dankenaustausch der Erzieher zu bestimmten pädagogischen
Themen - dazu, Fragen wie partnerschaftlichen Umgang mit
Kindern, eigenverantwortliches Handeln von Erziehern und
Kindern, Ehrlichkeit, Mitbestimmung der Kinder usw. aus psy-
chologischer Sicht zu erklären und zu diskutieren. Eine Diskussion kam nicht zustande. Statt dessen bekam ich das Feed-
back der Heimleitung, meine Ausführungen seien ganz interessant gewesen, aber sie hätten sich zu sehr an bürgerlicher
Literatur orientiert; ich solle doch beim nächsten Mal mehr
auf marxistisch-leninistisch fundierte Fachliteratur zurück-
greifen.

Bei diesen meinen Erfahrungen mit eigenverantwortlichem
Handeln, Hinterfragen und Infragestellen bestimmter Erzie-
hungs- und Disziplinierungsmaßnahmen fand ich unter 15 Erziehern nur eine Verbündete. Zu zweit wagten wir uns immer
weiter vor, allerdings mit sehr viel Angst, sehr viel Herzklopfen und sehr viel Zittern. Wir wurden so immer unbeque-
mer für die Erzieher und die Heimleitung.

Da man mir auf psychologischem Gebiet aus Mangel an Kompetenz keine Fehler nachweisen konnte, schickte man mir die Fachberaterin des Bezirkes. Sie war dann so ehrlich, Gott sei Dank, mir zu sagen, daß ich vorsichtig sein sollte bei der Heimleiterin, sie kenne sie auch schon aus früheren Gesprächen und früheren Erfahrungen.

Jetzt versuchte man, die gute persönliche und fachliche Beziehung zwischen Frau Härtel - das war die Erzieherin, sie sitzt auch jetzt im Auditorium - und mir zu zerstören, da wir gemeinsam zu unbequem waren und zuviel hinterfragten. Wir wurden einzeln zu Vieraugengesprächen geladen. Die Ergebnisse wurden jeweils entstellt und falsch wiedergegeben, vor den Kollegen oder auch uns gegenseitig, um uns irgendwie auseinanderzubringen. Oder man wurde einzeln, gewissermaßen als Angeklagte, vor eine Gerichtsversammlung - das waren in der Regel die Leitungssitzungen oder die Dienstberatungen, in denen alle oder viele Erzieher und die Heimleitung anwesend waren - ohne Vorankündigung zitiert und mußte dann Beschuldigungen, Kritik, Verleumdungen über sich ergehen lassen. Man bekam nie oder fast nie die Möglichkeit, Dinge richtigzustellen, aus der eigenen Sicht darzustellen oder zu rechtfertigen. Im Anschluß an diese Gerichtsversammlung wurde der Eintrag in die Kaderakte mitgeteilt oder bei Uneinsichtigkeit mit der Meldung und Vorstellung beim Schulrat gedroht. Das würde dann schlimmer für uns ausgehen.

Mit diesen Maßnahmen wurden wir auch systematisch isoliert von den anderen Erziehern. Es sprach zum Schluß keiner mehr mit uns. Sie alle hatten Angst, mit uns gesehen zu werden. Wenn wir in den Raucherkeller oder an ein Plätzchen gingen, wo sich mehrere aufhielten, gingen die anderen weg.

Schließlich versuchte man, uns auf politischem Gebiet Unreife und Staatsfeindlichkeit nachzuweisen. In einer Dienstberatung beispielsweise forderte die Heimleiterin die Erzieher auf, mich und Frau Härtel mit Argumenten von der Mitgliedschaft in der DSF zu überzeugen. Es kamen Argumente wie, diese Mitgliedschaft zeige die Einstellung zur Partei, zum Staat, zum Sozialismus und zur Sowjetunion, die Mitgliedschaft in der DSF gehöre zu jeder sozialistischen Erzieherpersönlichkeit; sonst könne das Erzieherkollektiv nicht um den Titel "Sozialistisches Erzieherkollektiv" kämpfen.

Die obligatorischen Politinformationen, die die Erzieher wöchentlich mit ihren Gruppen durchführen mußten, wurden bei Frau Härtel nun kontrolliert. Man kritisierte die Themen, die Durchführung. Man verlangte die schriftliche Vorbereitung der Politinformation und die vorherige Kontrolle durch die Heimleitung. Ich will nur noch kurz ein Beispiel dazu nennen. Eine schriftlich vorbereitete Politinformation wurde mit den Worten "zu unkonkret und zu ungenau" zurückgegeben, mit der Auflage, sie noch einmal zu überarbeiten und zur Kontrolle vorzulegen. Die Vorlage der inhaltlich gleichen Politinformation, nur in Tabellenform, weil das so im Erzieherstudium gelehrt wurde, ergab dann von derselben Heimleiterin, die nur kurz einen Blick darauf warf, das Urteil "gut" und konnte so durchgeführt werden.

Die Repressalien gingen dann noch weiter. Wir wandten uns an die SED-Kreisleitung. Von dort wurden wir verwiesen an die Stadtbezirksschulrätin, Frau Burkert, bei der wir uns vorstellten und um ein Gespräch baten. Vor dem Termin kam dann die Heimleitung schon mit der Stadtbezirksschulrätin zusammen; man hatte sich auf eine Linie geeinigt. Uns wurde dann in dem Gespräch zum Schluß die Alternative gestellt: Entweder Sie halten sich an die politische Linie, oder Sie gehen. Wir haben es beide vorgezogen zu gehen.

Ich hatte im Juli 1989 eine Besuchsreise zu meiner Tante in die Bundesrepublik, und ich blieb drüben. Meine Freundin, die Erzieherin in dem Heim, flüchtete im Oktober über Ungarn in die Bundesrepublik.

Es existieren übrigens noch in Stasi-Unterlagen ganz genaue Mitteilungen darüber, daß man uns auch nicht zurückkommen lassen wollte, weil wir zu gefährlich wären für dieses System in Erfurt. Im Februar 1990 wollten wir in die DDR

zurückkommen, was wir auch am 13. Februar taten. Wir trafen
dort auf genau dieselben Strukturen, genau dieselben Leute
in genau denselben Ämtern, mit genau denselben Funktionen in
den Ebenen und baten um Wiedereinstellung in dem Heim. Damals arbeiteten die Instanzen - Wohnungspolitik, Abteilung
Kader und Bildung - noch ganz prima zusammen, so daß wir
auch nicht an eine Wohnung herankamen. Wir wurden fünf Wochen lang hingehalten. Man sagte mir, die Stelle sei noch
frei; dann stellte sich heraus, daß man sie kurzfristig besetzt hatte, nachdem ich mich wieder dafür beworben hatte.
Eine Nachfrage jetzt hat ergeben, daß in dem Kinderheim
immer noch dieselben Erzieher mit derselben Heimleiterin
arbeiten!

(Beifall)

Diskussionsleiter Markus Meckel: Sylvia Mangoldt, ganz
herzlichen Dank für diesen Bericht, der deutlich macht, wie
vielfältig diese Strukturen sind und wie unterschiedlich
dann auch Betroffenheit sein kann.

Der nächste in unserer Runde ist Götz Gringmuth-
Dallmer.


Sv Gringmuth-Dallmer: Verzeihen Sie mir, daß ich, bevor
ich anfange, über das eigentliche Thema zu reden, voranstel-
len möchte, daß es mir vor einer Woche nicht möglich gewesen
wäre, angesichts der für mich sehr bedrückenden Situation im
Moment in diesem Lande hier zu reden. Aber ein Unrecht wird
nicht besser, wenn man über ein anderes schweigt. Deswegen
werde ich jetzt doch erzählen.

Ich bin in einem christlichen Elternhaus aufgewachsen
und bin einen sehr normalen Weg gegangen. Ich war Junger
Pionier, war in der FDJ. Ich war auch zwei Jahre lang in der
achten und neunten Klasse FDJ-Sekretär, da ich mit 14, 15
Jahren doch der etwas naiven Ansicht war, vielleicht durch
meine Tätigkeit Dinge in meinem Sinne verändern zu können.

Ich bin aber sehr schnell an meine Grenzen gestoßen. Es begann in der zehnten Klasse, als alle FDJ-Funktionäre darüber abstimmen sollten, daß wir für den militärischen Nachwuchs in unseren Klassen zu werben hätten. Ich habe nicht den Mut aufgebracht, mich zu weigern; aber ich habe mich der Stimme enthalten. Das kam schon in der Bewertung durch die Direktorin und die Parteileitung der Schule einer Weigerung gleich. Ich wurde dann aufgefordert, entweder diese Stimmenthaltung zu diesem Punkt, der beschlossen werden sollte, zurückzunehmen oder von meinem Posten als FDJ-Sekretär zurücktreten. Ich habe dann dankend abgelehnt, und das war's dann mit der FDJ-Arbeit.

Es ging dann so weiter, daß ich nach der zehnten Klasse eine Berufsausbildung mit Abitur anfangen wollte. Ich habe mich in mehreren Betrieben beworben, die alle von mir die schriftliche Verpflichtung sehen wollten, daß ich nach dieser Ausbildung drei Jahre zur Armee gehen würde. Ich habe mich jedesmal geweigert, eine solche Verpflichtung zu unterschreiben. Zum Schluß blieb dann noch der VEB Kombinat Tiefbau Berlin, der mich dann mehr oder weniger nehmen mußte. Das war anscheinend damals der Ausbildungsbetrieb, wo alle, die Abitur machen durften und nirgendwo anders untergekommen sind, landeten.

Dort begann ich also im September 1985 die Berufsausbildung mit Abitur, die gleich so losging, daß wir in ein vormilitärisches Ausbildungslager fahren und dort Krieg spielen sollten. Wir sollten mit russischen Kalaschnikows auf menschengroße Pappfiguren schießen. Ein Mitlehrling und ich weigerten uns, auf diese Pappfiguren zu schießen. Das wurde auch erst einmal so hingenommen. Wir sollten dann zynischerweise Sanitäter spielen. Wir bekamen kleine schwarze Aufkleber und sollten die Löcher in den Pappfiguren wieder zukleben.

Für mich war damals erschreckend zu sehen, wie Ausbilder hinterher mit einer diebischen Freude auf Stahleimer schossen, die sie in einer Entfernung von 30 bis 40 Metern aufstellten. Das schien ihnen eine sehr große Befriedigung zu verschaffen.

Kurze Zeit, nachdem dieses Lager zu Ende war, wurden wir zum Direktor der damaligen Berufsschule, Herrn Mund, bestellt, der uns vor die Wahl stellte, entweder wir würden den Schießlehrgang nachholen, oder das Ganze würde als ein Verstoß gegen den Lehrvertrag gewertet, und wir dürften dann nicht das Abitur machen.

Christian und ich haben uns entschlossen, nicht die Schießausbildung nachzuholen, was erst einmal dazu führte, daß der damalige Staatsbürgerkundelehrer seinen Unterricht dazu nutzte, uns vor der Klasse richtiggehend fertigzumachen. Ich war ein paar Tage lang nicht in der Lage, überhaupt noch dahinzugehen, weil ich mir dann Sachen anhören mußte wie: "Herr Gringmuth, Sie gucken doch auch Krimis. Wie verträgt sich denn das mit Ihrer Einstellung, nicht zu schießen? Und Sie essen doch auch Fleisch!" Heutzutage wüßte ich darauf zu antworten, aber mit siebzehn war ich doch etwas überfordert.

Ich flog dann also aus dieser Berufsausbildung mit Abitur heraus. Mir wurden mehrere Lehrstellen angeboten. Ich nahm dann eine Lehre als Kfz-Schlosser beim VEB Kombinat Tiefbau auf. Da hatte ich dann doch weitestgehende Narrenfreiheit, was politische Dinge anging. Man versuchte noch ein-, zweimal, mich aufzufordern, zu den üblichen Demonstrationen zu gehen. Da ich mich geweigert habe, wurde das auch nicht mehr weiter angesprochen. Ich hatte den Eindruck, daß Christian und ich für sie eh etwas ausgeklinkt waren und daß man uns nicht weiter ernst nehmen mußte.

Nach der Lehre bin ich sofort in einen Privatbetrieb gewechselt, der lieber solche Leute wie mich nahm als Leute mit einer "sauberen Kaderakte". Auch so etwas gab es in der DDR.

Ich muß noch einmal zurückkommen auf meine Schulzeit. Ich habe einen Klassenlehrer gehabt, der die ganze Zeit für meine Begriffe großartige Zivilcourage bewiesen hat. Die

ganze Klasse hatte sich geweigert, am Wehrkundeunterricht
teilzunehmen, was für uns eigentlich mehr ein Spiel war,
eine Wette: Wer hat den Mut zu sagen, wir machen das nicht?
Aber das hat doch einiges Aufsehen an der Schule erregt.
Unser damaliger Klassenlehrer hat hinter uns gestanden und
hat darauf gesehen, daß wir bei der ganzen Geschichte einigermaßen glimpflich davonkamen.

Mit achtzehn wurde ich, wie so üblich, gemustert, habe
einen Bausoldaten-Antrag eingereicht und habe dann von der
Armee nichts mehr gehört. Als ich ungefähr neunzehn war, begann sich mein Freundeskreis langsam gen Westen aufzulösen.
Für mich war die Situation so, daß ich mich in der DDR trotz
vieler Dinge, die mich gestört haben, doch irgendwie zu
Hause gefühlt habe. Dieses Gefühl wurde immer weiter zu-
nichte gemacht, je mehr meiner Freunde gen Westen gingen, so
daß auch ich irgendwann angefangen habe, mich mit diesem
Problem auseinanderzusetzen. Eigentlich wollte ich nicht
gehen. Aber es wurden immer mehr aus meinem Freundeskreis,
die das Land verlassen haben. Dazu kam die reale Gefahr,
eingezogen zu werden. Mit neunzehn, zwanzig war auch der
Bausoldat keine Alternative mehr für mich. Es war für mich
klar, daß ich dann total verweigern werde. Ich habe aber
auch nicht eingesehen, dafür in den Knast zu gehen.

Das und noch ein weiterer Punkt führten dazu, daß ich
mich mit zwanzig eigentlich als Frührentner gefühlt habe.
Ich habe für mich keine Perspektive mehr in diesem Land gesehen. Ich habe also keine Möglichkeiten gesehen, mein Leben
nach meinen Wünschen zu gestalten. Der sich auflösende
Freundeskreis und die drohende Einberufung haben mich also
dazu bewogen, noch einen Monat vor der Maueröffnung über
Prag das Land zu verlassen.

Was mir erst im nachhinein klargeworden ist: Ich habe
jahrelang darauf gewartet, daß sich etwas ändern würde. Als
sich dann etwas änderte, als das Neue Forum sich gründete,
war ich mit meiner Wirklichkeit damals schon so fertig, daß
ich das gar nicht mehr richtig wahrgenommen habe. Ich wollte

nur noch weg. Es passierte etwas in den Kirchen, die Leute
gingen auf die Straße. Aber es hat mich nicht mehr berührt.
Es war, als ich im nachhinein darüber nachgedacht habe, doch
ziemlich erschreckend, eine solche Entfremdung zu spüren,
die mit der Zeit immer schlimmer wurde, so daß für mich
keine andere Möglichkeit mehr blieb, als zu gehen.

Danke schön.

(Beifall)

Diskussionsleiter <u>Markus Meckel</u>: Ganz herzlichen Dank.-
Im Anschluß möchte bitte Herr Neuke zu uns sprechen.


<u>Hartmut Neuke:</u> Mein Name ist Hartmut Neuke. Ich bin
einundvierzig Jahre alt und bin beruflich in der DDR diskriminiert worden. Damit beschäftige ich mich.

Ich gehöre zur jüngeren Generation unter den Teilneh-
mern. Probleme der Repressalien im Bereich der beruflichen
Tätigkeit, der Ausbildung und beruflichen Entwicklung spielten eine zentrale Rolle. Es ist auch meine These, daß in den
letzten zehn, fünfzehn Jahren in der DDR die berufliche Diskriminierung offensichtlich zur zentralen Methode der SED-
Regierung wurde. Sie war in vielen Fällen Inhaftierungen
vor- oder nachgelagert. Sie hatte eine große Bedeutung, weil
sie mit scheinbar unsichtbaren Mitteln geführt werden
konnte, hinter denen eine ausgefeilte Strategie des Psychoterrors, der Barbarei stand, und ich glaube, die DDR war
Weltspitze in der Entwicklung von Methoden, die in diesem
Bereich angewandt wurden, die nicht nur zur psychosozialen
Vernichtung von Kollegen führen, die auch mich betroffen haben. Es gab in der Nervenklinik viel stärker betroffene
Fälle - bei Lehrern, Wissenschaftlern, aber auch einfachen
Pfarrern, die es treffen konnte. Ich glaube, diese Methoden
waren tatsächlich geeignet, die Menschen psychisch zu vernichten und in Kombination mit anderen Methoden physisch zu
vernichten.

Es klang heute an, daß die Notwendigkeit besteht, dieses Instrumentarium, das hier wirksam wurde, aufzuklären. Es
ist, glaube ich, ganz wichtig, um verständlich zu machen,
was diejenigen, die Widerstand in Form von Widerspruch
geleistet haben, tatsächlich geleistet haben; denn mein Eindruck ist, daß diejenigen, die diesen Widerspruch geführt

haben, weder in der DDR noch in der Zeit danach in ihren
fachlichen und politischen Leistungen anerkannt wurden.

(Beifall)

Es gibt also für die Leute überhaupt keinen Maßstab,
und jeder Lump, der sich angepaßt und es bis zum Fachdirek-
tor geschafft hat, kann mit seiner Kaderakte beim größten
Konzern in der BRD pranzen bis zum Geht-nicht-mehr, im Gegensatz zu mir - mit meiner zweimal abgebrochenen Promotion,
mit meinen zweimal abgebrochenen Forschungsthemen, mit dem
zweimaligen Hintertreiben wissenschaftlicher Forschungsein-
richtungen, in denen ich Widerstand geleistet habe, wo ich
mich als einer der ganz wenigen Fälle in der DDR durchgesetzt habe, der es geschafft hat, ein ganzes Professorenkol-
lektiv zum Rückzug zu zwingen, öffentlich die Behauptung zurückzunehmen, ich sei zur wissenschaftlichen Arbeit unfähig.
- Etwas, was auch Herrn Eggert als Pfarrer angedichtet
wurde, unfähig zu sein - das habe ich in der DDR geschafft
durchzusetzen, daß das zurückgenommen wurde. Zeigen Sie mir
bitte jemand, der das nachweisen kann, daß ein solcher Vorwurf zurückgenommen wurde!

Heute stehen diese Leute im Prinzip mit nichts da. Ich
bin jetzt fast das dritte Jahr arbeitslos. Man muß überlegen, und ich beschäftige mich zur Zeit mit dem Thema, wie
das Verhältnis zu beruflich Diskriminierten in der DDR war,
das Verhältnis der Allgemeinheit, aber auch der Politik. Das
war ja eigentlich die Ursache, das Verhältnis der Allgemeinheit. Ich beschäftige mich damit, wie das Verhältnis zu Diskriminierten heute ist, vor allem zu beruflich Diskriminierten, ihr Verhältnis zur Allgemeinheit, das Verhältnis zur
Politik.

Man muß sagen, daß im Prinzip ein großes Unverständnis
gegenüber diesen ganzen Ereignissen bestand, wie sie hier
schon für den Bereich der schulischen Entwicklung, für den
Bereich der jungen Berufstätigkeit und auch für den darauf-

folgenden Bereich der weiteren Arbeitstätigkeit gegeben waren.

Mein eigener Fall zieht sich über einen Zeitraum von etwa zehn Jahren hin. Ich betrachte 1981 als Beginn der beruflichen Diskriminierung. Der Hintergrund war einfach der: Ich hatte mich im Kombinat für eine neue Struktureinheit beworben, Mikroelektronik - darum ging es damals. Der Knalleffekt bestand darin, daß ich zufällig von dieser Struktureinheit eher erfahren hatte als diejenigen, die auf den Posten sollten. DDR-Bürger wissen, was ich meine. Man zog dann kurzerhand die Zusage zurück und sagte, das wird nichts, denn da sind schon andere. Ich habe hiergegen arbeitsgerichtlichen Widerspruch eingelegt - mit dem Ergebnis, daß ich ein bißchen die Skala von Eskalation, von Repressalien kennenlernen konnte. Das ging also soweit, daß der Richter - nach meinen Erkenntnissen ein Mann, der mit in Waldheim gesessen hatte und damals Oberrichter beim Arbeitsgericht im Bezirksgericht Leipzig war - die Aktenlage als Beweismittel ignorierte, daß dieser Richter in der öffentlichen Verhandlung, die sich schon längst von einem Arbeitsrechtsprozeß hin zu der politischen Frage gewandelt hatte, wie weit es eigentlich mit der Wahrheit und Gerechtigkeit in diesem Lande geht, mir mitten im Prozeß - ich möchte sagen, im Stile eines Freisler - das Wort verbot.

Warum? Was war der Hintergrund? - Der Gewerkschaftsvertreter hatte sich - selbst Justitiar des Kombinates - in der Verhandlung, als er merkte, daß der Richter diese Beweislage bewußt ignoriert, ein Herz gefaßt, war aufgetreten und hatte den Fall so interpretiert, wie er in der Belegschaft, in der Öffentlichkeit politisch gesehen wurde. Das war natürlich der Anlaß für den Richter, sozusagen die Fassung zu verlieren. Ich glaube, es war ein Erfolg, vor der Öffentlichkeit dieses kleinen Gremiums damals diesen verlogenen, gewissenlosen Halunken die Maske ein Stück vom Gesicht zu reißen. Das war ein großes Kunststück.

Gerade in dieser Zeit lief meine Bewährungsprobe als Parteigenosse, als Kandidat. Ich konnte also in dieser Situation, nach dieser Erfahrung meine Kandidatur auf keinen Fall zurückziehen; sonst hätte ich mich extrem positioniert und wäre von vornherein in diese feindliche Position geraten. Also bezog ich den Standpunkt, daß ich die Sachargumente, die der parteipolitischen Argumentation zugrunde lagen - das waren im wesentlichen Effektivität und Produktivitätsfortschritt -, überall dort einklagte, wo nach meinem Dafürhalten die Möglichkeit dazu bestand. Hierzu gab es - das muß man heute auch noch einmal erwähnen - selbst in den Parteistatuten Wege - Rechtswege nach Parteirecht, wenn man so will - zur Kritik an öffentlichen Angelegenheiten. Ich habe diese Wege auch zu nutzen versucht, bis hin zum ZK, und mußte feststellen, daß man das ebenso ignoriert wie die Beweislage beim Gericht. Ich muß sagen, daß die Sache zum damaligen Zeitpunkt, in den Jahren 1981 bis 1984, für mich im Prinzip nicht als ein Sieg, als ein Gewinn in der Auseinandersetzung erschien, sondern als eine Niederlage.

Ich habe erkannt, daß ich in diesem Land gefangen bin, wie alle, und ich habe in den Menschenbildern, die mir entgegengetreten sind - das war der Punkt, der vorhin gefragt war: Wann kam der aktive Wille zum Widerstand auf? -, den Grund sehen können, dieses Wesen von Barbarei, diese Gewissenlosigkeit, diese mentale Seite, die man im System ganz bewußt genutzt hat, um bestimmte Kader - so hießen diese Leute - auf bestimmte Positionen zu schieben. Das habe ich damals erkannt.

In meiner nachfolgenden Tätigkeit an der Akademie der Wissenschaften in Berlin, dann an der Karl-Marx-Universität in Leipzig - zwischendurch war ich einmal mit den entsprechenden Bedrohungen, als Asozialer inhaftiert zu werden, arbeitslos - und an der Jenenser Universität habe ich genügend Einblicke dahin gehend gewonnen, daß in den Strukturen, in den Leitungsstrukturen, so muß man sagen, solche gefährlichen Leute im einzelnen tätig waren. Die waren Spezialisten des Psychoterrors. Das waren wirklich Fachleute in dieser Hinsicht.

Man muß aber auch gleichzeitig sagen, daß in diesen Strukturen, wie ich es kennengelernt habe, Leute saßen, die sich einen Anstand bewahrt hatten. Das war der entscheidende Punkt, warum einige von denen, die heute hier sitzen und be- richten, überhaupt noch hier sitzen und berichten können. Die haben geholfen, die haben unerkannt im Stillen, wo sie Schlimmeres verhindern konnten, geholfen. Wie ich vorhin von dem Justitiar in der Gerichtsverhandlung berichtet habe - es gab auch Leute, die sich offen solidarisiert haben.

Es gab den Effekt, daß - wo mal einer die Auseinander- setzung führt und aufgreift - dann auch Hilfe von außen wächst, daß eine gewisse Solidarität entsteht, daß auch Ach- tung und Respekt bis hin schließlich innerhalb des Systems entstehen - so weit muß ich das bringen. Das war ein Effekt, den man feststellen konnte.

Deswegen ist es nach meinem Dafürhalten besonders schlimm, wenn gerade Genossen, Parteigenossen, die politi- sche Verantwortung und größere politische Einsicht auf Grund von Schulungen hatten, die auch laut Statuten und derglei- chen die Wege hatten und nicht mehr mit den Repressalien der fünfziger und sechziger Jahre leben mußten, den Mund nicht aufgemacht haben, daß gerade die mit solchen Verleumdungsme- thoden, wie wir es vorhin gehört haben, Sachargumente ka- puttgemacht haben. Das muß man nach meinem Dafürhalten heute auch auf die Tagesordnung setzen: Wer ist eigentlich jener Herr Professor oder sonstwer, der in Verbindung mit diesem und jenem Projekt heute wieder die große Feder führt?

Lassen sie mich bitte noch einen Satz sagen. Es ist wirklich das Problem, wie wir das, was wir hier leisten, in mehr Gerechtigkeit, in mehr Wahrheit, in mehr Fortschritt, in eine Zukunft umsetzen. Das ist ja das Ergebnis, was wir anstreben. - Es ist die Frage: Wer hat eigentlich Interesse an dieser Aufarbeitung der Vergangenheit, daran, sie in eine

Politik umzusetzen, die Vergangenheit aufarbeitet? Das ist meine große Frage.

Ich danke für die Aufmerksamkeit.

(Beifall)

Diskussionsleiter Markus Meckel: Ich denke, weil es genau um diese Frage geht, sind wir hier. Aber wir wissen auch nach meinem Eindruck, daß wir in dieser Frage z.Zt. nicht die Mehrheit der Gesellschaft darstellen. Deshalb ist es besonders wichtig, das zu verstärken, wovon hier vorhin klagend gesprochen worden ist - auch, was die Öffentlichkeitsarbeit anlangt. Solche Dinge sollten einfach sehr viel breiter gehört werden, um zu sehen: Wie gehen wir mit diesen vierzig Jahren sehr differenzierter Geschichte um? Es geht darum, daß wir uns dies jetzt erzählen, aber auch Folgerungen daraus ziehen. Das wird ja das nächste Gespräch mitbestimmen.

Ich möchte als letzten in dieser Runde Herrn Klaus Pfleumer bitten, zu uns zu reden.


Sv Pfleumer: Ich kann über die Ereignisse berichten, die man als Inhaber eines Privatbetriebes in der Deutschen Demokratischen Republik, dem ersten Arbeiter-und-Bauern-Staat deutscher Nation - das war unser Titel -, erlebte. Ich bin einer der letzten Mohikaner, und daß ich überhaupt noch da bin - ich bin Jahrgang 1920 und jetzt zweiundsiebzig Jahre alt -, verdanke ich nur der Tatsache, daß ich einen kleinen Kunstverlag hatte.

Wir stellten in der DDR das Briefpapier her, das jeder in der DDR gern haben wollte, das nur unter dem Ladentisch verkauft werden konnte, weil die Kontingente nicht groß genug waren. - Jetzt fragt natürlich niemand mehr danach, weil ja jetzt alles West ist, mit schwarzen Strichen und in Zellophanverpackung, und das konnten wir nicht so schnell machen.

Außerdem waren unsere Gelder, die wir nicht hatten, eins zu zwei abgewertet, und alles das, was uns wert war, war ja nun auf einmal nichts mehr wert. Unser Fahrzeugpark stand noch mit 60 000 Mark im Betrieb, den ich über GENEX bekam, von meiner Mutter, weil ich als deutscher demokratischer Privatbetrieb der Leichtindustrie natürlich kein Fahrzeug bekam. Aber ich hatte eine Mutter, die mir ein Fahrzeug schickte. Aber die Fahrzeuge waren natürlich auch nichts mehr wert. Heute sind sie mit 2 000 Mark Entsorgungskosten alle verschrottet.

Aber ich will doch die wichtigsten Dinge ganz kurz andeuten. Ich habe leider zu wenig Zeit; ich könnte hier eine Stunde reden, und es würde auch spannend werden - das würde ich Ihnen schon versprechen.

Aus dem Krieg bin ich dank eines großen Geschenks gesund heimgekommen. Ich war Flugzeugführer, und das war ja nicht gerade eine Lebensversicherung; aber ich kam gesund heim und war der einzige von den jungen Männern, der nach Hause gekommen ist. Nun war ich eben als derjenige dran, der die Stange halten mußte. Wir gründeten unseren kleinen Verlag in Zittau. Meine Eltern waren Flüchtlinge, aus dem Gebiet zwei Kilometer vor Zittau, aber es war alles weg. Meine Aufgabe war es, die geschäftlichen Dinge in diesem kleinen Verlag zu erledigen, die Aufgabe meines Pflegevaters war, die Scherenschnitte herzustellen - Doktor Plischke -; die älteren unter Ihnen kennen sie, für sie alle ist das ein Begriff. Meine Mutter machte die Finanzen. Das war alles sehr schön und einfach und ging im Anfang auch sehr gut. Wir hatten einen guten Namen, und wir bekamen auch die Papierkontingente.

Aber da meine Eltern Flüchtlinge waren und noch in Bayern einen kleinen Besitz hatten, zogen sie nach Bayern weiter, und ich blieb in Zittau. Das war ja alles sehr gut; ich arbeitete und schickte ihnen das Geld. Die Sache war einfach.

Aber dann kam ein Ereignis: Es gab eine Währungsreform, und auf einmal war zwischen uns eine Grenze, eine erste Grenze aufgestellt. Ich konnte meinen Angehörigen kein Geld mehr schicken. Sie hatten ja keine Rente, weil er als Künstler nicht versichert war. Also was blieb mir übrig? Ich mußte Wege finden, wie ich meine Angehörigen unterstützen konnte, und zwar deswegen, weil das DDR-Geld nicht kompatibel war. Das können Sie sich gar nicht vorstellen. Es gab für einen DDR-Bürger nicht eine Mark West und für einen Privatbetrieb der Leichtindustrie überhaupt keine Mark West. Es wäre ja nicht schwierig gewesen mit der Währungsreform: Wenn das normal gewesen wäre, wie das in aller Welt ist, hätte ich weiter meine Postkarten und Kalender nach Westdeutschland, nach ganz Deutschland verschickt, hätte einen Scheck von der Dresdner Bank in meiner Bank eingelöst; es wäre einfach gewesen. Aber das ging nicht.

Wir hatten ein Außenhandelsmonopol, und dann gab es einen innerdeutschen Handel. Der saß in Berlin. Wir bekamen also die Möglichkeit, nach Westdeutschland zu liefern. Dann konnte der Westdeutsche in Westmark bezahlen, und ich kriegte die einzig stabile Währung, die es für mich gab, die Ostmark, die Mark der Deutschen Demokratischen Republik, von der unser großer verehrter Walter Ulbricht sagte: Sie wird in Finnland so wertvoll gehalten; das ist eine stabile Währung. Der mußte es ja wissen, er war in Finnland, ich war nie dort gewesen.

Das war die Währungsreform. Mit der Währungsreform hatte ich also auf einmal eine Teilung meiner Familie. Da gibt es noch vieles zu sagen, aber ich muß schnell machen.

Das nächste war das Außenhandelsmonopol; das hatte ich gerade gesagt. Ich durfte für den Export arbeiten, der nur vom Außenhandelsbetrieb geleitet und abgewickelt wurde. Ich war also nur Hersteller, bekam den Preis vorgeschrieben, und da ich im Inland einen Gewinn erzielte, kriegte ich keine Subventionierung für die Preise. Ich mußte also die Preise aus meinem eigenen Gewinn subventionieren. Aber das spielte

damals gar keine Rolle. Ich zahlte 95 % Steuern, und da habe
ich es sowieso bloß aus den Steuern genommen.

Sie können sich nicht vorstellen, was das bedeutet, 80
bis 95 % Steuern zu bezahlen. Das heißt praktisch, daß ich
zwar für meine Kinder, die in die Schule gingen, Kapitalist
war. Da waren meine Kinder immer die Kapitalistenkinder.
"Wollt ihr einen Kapitalisten sehen? - Christine, steh mal
auf! Das ist ein Kapitalistenkind." Ich hatte aber nicht den
Verdienst eines Kapitalisten. Ich hatte so viel, wie ein
normaler Werktätiger am Ende Lohn hatte. Von diesem Netto-
lohn durfte ich natürlich noch die Vermögensteuer für den
Betrieb bezahlen. Sie betrug damals 4 000 Mark, weil ich ein
Vermögen von 400 000 Mark hatte. Ich bin auf das Finanzamt
gegangen und habe gefragt: Sagen Sie mir einmal, wo ich das
Vermögen von 400 000 Mark habe? Ich wäre ja dämlich, wenn
ich das jetzt nicht verscherbelte und mir dann für die
400 000 Mark ein Bankguthaben anlegte. Dann bekäme ich immerhin bei 3,5 % Zinsen fast 15 000 Mark Zinsen im Jahr. Da
brauche ich nicht mehr zu arbeiten; da kann ich meine Ra-
dieschen säen. - "Das wissen wir auch, wir rechnen dazu und
dazu, und dann muß noch zurückgerechnet werden." - Jedenfalls kamen die auf 400 000 Mark.

Jetzt kommt der nächste Schritt. 1952 gab es eine Geheimverfügung eines gewissen Staatssekretärs Wendt. Wenn
hier Herren unter uns sind, die irgendwie in diese Geheimverfügung von damals einen Einblick haben, dann wäre ich
denen sehr dankbar, wenn ich diese Geheimverfügung heute
einmal lesen könnte, denn mit dieser Verfügung war festge-
legt worden, daß mein Sohn, der später heranwuchs und groß
wurde, den kleinen Privatbetrieb der Leichtindustrie - und
das waren die Allerletzten in der DDR, die hatten entsprechend auch die allerniedrigsten Tarifverträge, waren ganz
unten; wir fingen mit nur 81 Pfennig Stundenlohn an - nicht
übernehmen durfte. Ich wäre also sehr dankbar, wenn ich
diese Verfügung einmal sehen könnte. Die Verfügung gälte

heute noch, wenn die DDR nicht gestorben wäre. Das ist ganz wichtig.

Jetzt hatten ja meine Eltern drüben auch einen Kleinbetrieb aufbauen müssen. Den nannten sie genau wie meinen Betrieb - Plischke Kunst. Nun stellte auf einmal die DDR fest: Das sind ja Betriebe im Osten und im Westen, die genau den gleichen Namen haben. Das ist ja ein Verbrechen! - Das können Sie sich nicht vorstellen. Also bekam jetzt nicht der Westen die Verfügung, daß er seinen Namen ändern mußte; ich kriegte die Mitteilung, die hieß: "Herr Pfleumer, bis zum nächsten 1. Januar haben Sie Ihren Betrieb zu verändern." Darüber gab es natürlich nichts Schriftliches. Über solche Dinge gab es nichts Schriftliches. Das wurde ganz im Vertrauen unter uns gesagt. Da kamen die Herren mit dem schwarzen Anzug oder der Lederjacke: "Herr Pfleumer...", und dann ging das los.

Jetzt ist aber das Notvolle an dieser ganzen Geschichte, daß mich der Westbetrieb, der Plischke Kunst heißt und inzwischen durch Erbfall ein englisches Unternehmen geworden ist, verklagt, mich, der ich in der DDR alles aufgebaut habe und der ich ihm vierzig Jahre lang die Waren rübergeliefert habe, weil er sie gar nicht selber herstellen konnte, denn ich hatte ja die Produktionsstätte. Ich komme jetzt gerade vom Gericht, ich habe heute früh Verhandlungstermin hier im Landgericht Berlin gehabt. Jetzt wollen sie den Namen, den ich "freiwillig" damals aufgegeben habe, für sich beanspruchen. "Sie haben doch gar keinen Beweis dafür, daß Sie den Namen aufgegeben haben." - Ich habe keinen Beweis dafür! Wer gibt mir denn den Beweis? Weil ich ihn freiwillig aufgegeben habe, habe ich auch kein Recht mehr, ihn heute noch zu führen. Nein, ich soll 100 000 Mark Honorar für die Vergangenheit bezahlen. - Ich höre auf.

Ich stimme den anderen Vorrednern auch zu, daß wir in der Anfangszeit - also ab 1950 - in der ständigen Bedrohung lebten, daß die Staatssicherheit aus irgendeinem Grund mich abservierte. Ich war Christ und hatte natürlich manchmal auch ein Wort riskiert. Meine Kinder waren nicht Pioniere und hatten auch ein Wort riskiert. - Ich will Ihnen ein Beispiel sagen. Da kommt meine kleine Göre heim und sagt: "Vati, meine Lehrerin sagt immer: Ach Gott, ach Gott, ach Gott. Weißt Du, Vati, ich habe ihr heute gesagt: Wissen Sie, Frau Jäger, Sie glauben doch gar nicht an Gott. Sagen Sie doch: Ach Pieck, ach Pieck, ach Pieck."

(Heiterkeit und Beifall des Abg. Markus
Meckel (SPD))

Das war der Mut der Kinder.

Die andere, die Große erzählte dann einmal, die Lehrerin sagte: "Ihr müßt Euren Eltern alle sagen, daß der Herr Krolikowski" - so ein Politonkel - "in Zittau spricht. Sagt das alle Euren Eltern." Meine Große stand auf. "Nun, Christine, was hast denn Du?" - "Frau Jäger, ich muß Ihnen das sagen, das sage ich meinen Eltern nicht; die sind für so was nicht."

(Heiterkeit)

- Ich habe noch eine ganze Hucke.

Das Wichtigste war für uns alle der Mauerbau, denn mit dem Mauerbau war für uns eine ganz harte Grenze gegeben. Da hängt wieder so viel Persönliches dran; ich muß ja Schluß machen, man mahnt mich dauernd auf der Seite.

Ich will Ihnen noch etwas sagen. Es gab nichts, was wir uns nicht vorher genehmigen lassen mußten. Ich mußte jedes Lesezeichen genehmigen lassen. Einmal war doch dieser Regierungsstelle ein Lapsus unterlaufen. 1958 hatte mein Onkel, der Doktor Plischke, einen Scherenschnitt geschnitten, einen wunderschönen Scherenschnitt. Da war in der Mitte ein Ziegenbartpilz, und ringsherum saßen die Steinpilze und Herrenpilze, und darunter stand der schöne Spruch:

Ein Pilz von ganz besonderer Art
ist der bekannte Ziegenbart,

(Heiterkeit)

genießbar wohl, doch kein Genuß,
den echten Pilzen ein Verdruß.
Mit Recht: Ein Pilz, der Haltung wahrt,
trägt einen Hut und keinen Bart.

(Heiterkeit und Beifall)

Der Scherenschnitt war in Westdeutschland entstanden.
Ich komme mit diesem Scherenschnitt zu der Druckgenehmi-
gungsstelle im Ministerium für Kultur in der Clara-Zetkin-
Straße. "Herr Pfleumer, was soll denn das Bild?" - Ich wußte
natürlich, was das Bild bedeutet, aber mit meiner Unschulds-
miene, die ich aufsetzen konnte, sagte ich: "Ach, wissen
Sie, das ist eine Naturbeobachtung; und mein Onkel macht in
der Pilzzeit immer eine Naturbeobachtung." Da war die Dame
so fahrlässig und drückte ihren Stempel auf dieses Bild.

(Heiterkeit)

Nun kam ich mit diesem Original in die Druckerei. Wer
Druckfachmann ist, weiß daß: Da kam als erstes die Lithogra-
phie, die die Aufnahme machte. Der Lithograph sagte: "Ein
schönes Bild, ein schönes Bild." Dann kam der Drucker: "Ein
sehr schönes Bild, Herr Pfleumer; das gefällt mir sehr."
Dann haben in der Deutschen Demokratischen Republik
30 000 Familien gelacht, herzlich gelacht.

(Heiterkeit)

- Das war die Auflagenhöhe. Neben denen, die lachten, gab es
auch ein paar, die nicht lachten.

(Heiterkeit)

Die sind schnellstens zum Ministerium hinaufgerannt und
haben gesagt: "Aber Hilde, wie kannst du das genehmigen?" -
Sie war natürlich deprimiert, und sie bekam ein Disziplinar-
verfahren. Ich kam im Oktober wieder zu Hilde und sagte:
"Ich möchte gern die Druckgenehmigung für das nächste Jahr
einholen." - "Ja, Herr Pfleumer, wir können Ihnen die Genehmigung nicht erteilen. Ihre Kalender haben eine mangelnde
Bewußtseinsbildung." - "Zeigen Sie mir mal ein Bild von man-
gelnder Bewußtseinsbildung." "Sehen Sie mal dieses Bild.
Hier sitzt der junge Mann auf dem Stein und schaut weit ins
Land hinein, und darunter steht der Spruch:

> Aus        Beschaulichkeit        und        Ruh'
> strömt     dir     der     Weisheit     Fülle     zu.
> Oh,     wär     dies     allgemein     bekannt     -
> die Weisheit nähme überhand.

Sehen Sie, so etwas Spießbürgerliches, Pazifistisches, so
etwas Sinnloses. Das ist typisch für die Art und Weise, in
der Sie künstlerisch arbeiten." Ich sagte: "Ja, Sie haben
recht. Ich war gerade vorige Woche in Weimar. Da habe ich
mir das Gartenhaus angesehen, und da muß ich sagen, der alte
Goethe hatte eigentlich die Beschaulichkeit und Ruh' auch
sehr gesucht. Ich kann mir nicht vorstellen, daß er seine
Gedichte auf dem Karl-Marx-Platz gemacht hat." - Jetzt war
mein Kalender verboten und damit meine Gesamtexistenz weg,
weil das die Stütze des Verlages war. - Nun kann ich wieder
eine lange Geschichte erzählen, aber ich muß aufhören.

Nur mein Blick in den Volkswirtschaftsplan - das war so
ein dickes Buch - rettete mich, weil ich dort hinter dem Artikel "Briefausstattungen" kein K gefunden habe. Das hieß,
Briefausstattungen waren nicht kontingentiert. Der Minister,
der das Buch geschrieben hatte, hatte vielleicht nicht gewußt, daß in Zittau noch so ein kleiner Quetscher sitzt, der
auch Briefausstattungen machen kann. Nun konnte ich anstelle
von Kalendern Briefausstattungen machen. Mit denen hatte ich
in der DDR maßgeblich die künstlerische Position inne. Man
hat mich gefragt, welche Briefausstattungen nun eigentlich

herauskommen sollen. Bei den meisten habe ich gesagt: "Das
ist nichts." - Meine konnten herauskommen, aber ich hatte
kein Kontingent.

Ich muß als letztes sagen, bei der Kalendergenehmigung
hatten sie noch die Unverfrorenheit, mir zu sagen: "Ihren
Kalender können wir Ihnen natürlich nicht verbieten, denn
wir haben in der Deutschen Demokratischen Republik keine
Zensur; aber Sie kriegen keine Druckgenehmigung."

(Heiterkeit und lebhafter Beifall)

- Sie glauben mir jetzt, daß ich noch eine Stunde erzählen
kann.


Diskussionsleiter Markus Meckel: Das glauben wir Ihnen
sehr gerne, und ich bin dankbar dafür, zumal das ein Zeichen
dafür ist, daß man nach so manchem, was man erlebt hat, den
Mut in seinem Leben nicht verliert, und ich denke, daß dies
ein Gewinn ist, der sehr wichtig ist.

Ich hoffe, daß Sie nicht nur bei dem, was Sie in vierzig Jahren erlebt haben, den Mut nicht verloren haben, sondern auch bei dem, was Sie jetzt erleben, den Mut nicht verlieren, sondern vielleicht doch noch Erfahrungen machen, die
Sie den Mut wieder gewinnen lassen.


Sv Pfleumer: Ich möchte noch einen Satz zu dem sagen,
was Sie vorhin sagten, Herr Wende. Sie sagten: Wir haben 57
Jahre unter der Zwangsherrschaft gelebt. Dazu muß ich nur
sagen: Das war unser Leben! Wir haben bloß eins!

(Beifall)

Ich hätte auch drüben eine kleine Druckerei aufbauen können,
und ich hätte auch einen gutgehenden Verlag gehabt, und ich
hätte auch wirklich was bedeuten können, aber wir haben unser Leben hier in diesem Land verbringen müssen, weil wir

hierblieben und nicht abgehauen sind, weil es ja auch hier Leute geben mußte, die was machten.

(Beifall)

Das wird den kleinen Betrieben, von denen Lothar Späth gesagt hat, daß sie das Rückgrat und die Zukunft der Industrie sind, heute nicht honoriert. Ich bin am Boden; ich habe heute 300 000 Mark Schulden und keine Hoffnung, daß ich die jemals zurückzahlen kann. Dafür habe ich aber nicht Luxus getrieben, sondern ich habe Maschinen gekauft, die jeden Tag, an dem sie dastehen, weniger wert werden, weil ich keine Aufträge dafür habe. Wir haben keine Produktion, weil für die Produktion immer "Go to West" gilt.

(Beifall)

Entschuldigen Sie, es gibt schöne Dinge, die wir durch die Wiedervereinigung bekommen haben. Ich bin für vieles, vieles dankbar, aber das mußte auch gesagt werden.

(Beifall)

Diskussionsleiter Markus Meckel: Ich denke, es ist wichtig, daß auch so etwas gesagt werden kann.

Wir sind mit unserer Reihe hier oben am Ende. Es gibt mehrere, die sich gemeldet haben. Ich denke, daß wir jetzt keine Rückfragen stellen sollten, denn das geht nicht. Ich habe bei zweien, die ich bitte, sich sehr kurz zu fassen, zugesagt, daß sie über dieses Podium hinaus noch etwas sagen können. Ich möchte Sie bitten, daß Sie sich einigen, wer von Ihnen redet. - Frau Anke Heinze berichtet über ihre Erfahrungen aus dem Jugendwerkhof.

Frau Heinze: Ich möchte mich zuerst einmal den Ausführungen von Frau Mangold anschließen. Sie hat eine Situation in Kinderheimen beschrieben. Ich schätze, das bezog sich auf normale Kinderheime für Kinder, die zum Beispiel Waisen oder Halbwaisen waren und so etwas.

Dann gab es aber in der ehemaligen DDR auch Kinderheime für schwer erziehbare Kinder. Das waren zumeist Kinder aus zerrütteten Familienverhältnissen, die mit dem Leben in diesen Verhältnissen nicht mehr klargekommen sind. In diesen Kinderheimen für Schwererziehbare war dieser psychologische Druck und die Unterdrückung der eigenen Eigenschaften noch in einem etwas höheren Maße gegeben. Wenn man dort nicht gefügig geworden ist, in diesen Kinderheimen für Schwererziehbare, dann kam man in einen Jugendwerkhof. Ich selbst habe diese Station auch durchlaufen, habe meinen Willen allerdings nicht brechen lassen und habe dort im Jugendwerkhof Sachen erlebt, die ich mein Leben lang nicht mehr vergessen werde.

Es gab in der DDR einen geschlossenen Werkhof, Torgau. Ich weiß nicht, ob das den Leuten hier ein Begriff ist. Ich habe gesehen, wie Kinder dorthin gebracht wurden, Jugendliche im Alter von vierzehn bis achtzehn Jahren, die kaputt wiedergekommen sind, die keine Menschen mehr waren. Ich selbst habe zwei Freundinnen dort kaputtgehen sehen.

Ich wollte, daß das auch einmal mit zur Sprache kommt, daß das eben einmal mit bedacht wird. Wir wollen nicht vergessen, was alles gemacht worden ist, um die Kinder, um die Jugendlichen für das Regime gefügig zu machen, damit sie eben das Gedankengut des sozialistischen Staates anerkennen. - Das war es eigentlich, was ich sagen wollte.

(Beifall)


Diskussionsleiter Markus Meckel: Als letzter noch einmal - bitte kurz - Herr Voigt.


Herr Voigt: Ich möchte mich für die Einladung bedanken. Heute vormittag habe ich über die Angst gesprochen, die ich hatte. Jetzt will ich einmal über den Mut sprechen, den einfache Menschen in der DDR aufgebracht haben, um dem SED-Regime die Stirn zu zeigen.

Ich bin 1946 aus englischer Gefangenschaft nach Heide gekommen. Dort hatte ich eine Woche gesessen. Ich war Marinesoldat und hatte vergessen, die Kokarde von meinem Käppi zu entfernen. Das reichte dem englischen Militärrichter, mich eine Woche in den Knast zu schicken. Dann kam ich in die DDR, nach Küstrin-Kiez. Dort bin ich geboren; dort war ich Lehrer, dort lebe ich heute noch. Viele Publizisten und Literaten nennen Küstrin das Stalingrad Deutschlands. Das war die letzte große Schlacht vor Berlin. Die Festung Küstrin hat zwei Monate gegen den Druck der sowjetischen Armee damals standgehalten. Da gibt es nichts.

In diese zerstörte Stadt bin ich 1946 gekommen. Die Menschen haben alle in Kellern gehaust und gelebt und hatten keine Wohnung. Es war furchtbar, es gab nichts zu essen. Da marschierte mir doch ein Bataillon Artillerie entgegen, vor jeder Lafette sechs Pferde, Deutsche, mit blauen Uniformen, alle aus sowjetischer Kriegsgefangenschaft dort zusammengestellt. Das war mein erster Eindruck: Da eine Woche Knast wegen einer Kokarde, und hier marschiert mir ein komplettes Bataillon entgegen. So verlogen war die DDR, und so konnte man gleich, obwohl man mit Mut in seine Heimat gegangen war, den ersten Schlag kriegen, weil man wußte: Hier wird gelogen, hier wird geschwindelt, hier sagt keiner die Wahrheit. Bitte prüfen Sie das nach; das stimmt. Die Artilleriekaserne in Küstrin-Kiez war das erste große Gebäude, das in dieser Stadt wieder aufgebaut wurde, während die Menschen noch in Erdhöhlen hausten. Es war damals nicht nötig und ist heute schon gar nicht mehr nötig, daß man Kasernen baut.

(Beifall)

Ich war Lehrer in dieser Gemeinde. In der ersten Klasse, fünftes/sechstes Schuljahr, hatte ich vierundfünfzig Schüler. Die mußte ich vom Klauen abhalten, die mußte ich dazu erziehen, wieder zu ehrlichen und vernünftigen Menschen zu werden. Das war gar nicht so einfach. Fast jeder Stein der Schule ist durch meine Hände gegangen, vom Dachziegel bis zum einfachen Ziegel. Wir haben alles enttrümmert. Auch die Munition haben wir weggeschafft. Das honoriert natürlich die Bevölkerung. So erwirbt man sich, wenn man dableibt, während viele andere gehen, die kaum dort einmal die Luft geschnuppert hatten, ein gewisses Vertrauen.

Dann wird man nach fünfzehnjähriger Tätigkeit fristlos entlassen. Da kommt so ein junger Spund von der SED, der nicht einmal eine ordentliche Ausbildung hat, und sagt: Die Kreisleitung hat beschlossen, Direktoren dürfen zum Beispiel nur eingesetzt werden, wenn sie Mitglied der SED sind. - Ich kann die alle namentlich benennen. Sie leben alle noch, kriegen alle heute bessere Renten als ich. Ich hatte keine Aussichten, mußte raus, weil ich die Kinder nicht zur Jugendweihe geschickt habe.

Die Bevölkerung hat das nicht hingenommen. Es gab einen Aufstand in unserem Ort. Ich glaube, davon muß man einmal berichten. Sie haben für mich Geld gesammelt und haben gesagt: Herr Voigt, nehmen Sie sich keinen anderen Beruf, wir sorgen für Sie. - Die Bauern haben vom Schlachten gebracht, damit wir zu essen hatten. Die Kinder haben in der Schule meine Kinder bestärkt, wenn sie von den Lehrern angegriffen wurden. Die Schüler haben Unterschriften gesammelt.

Ich habe hier Material, Unterschriftssammlungen von Eltern an die Kreisleitung der SED, an das Arbeitsgericht, an das ich mich auch gewandt hatte.

Dann muß ich immer wieder auf die Rolle der Kirche zu sprechen kommen. Ich bin Christ. Die Kirche, die evangelische Kirche hat in dieser Zeit eine ungeheuer wichtige Rolle gespielt. Die haben Bittgottesdienste für mich abgehalten. Ich weiß auch, daß sich die Synode mit unserem Fall beschäftigt hatte.

So kam es dann eben dazu, daß die SED-Kreisleitung sich überlegen mußte, was sie machen sollte - entweder hier die-

ses Theater weiter, oder sie stellte den kleinen Mann wieder
ein. Dann wurde ich zur Verhandlung zum Arbeitsgericht eingeladen, aber der Zug fuhr nicht ab. Da saßen siebzehn Eltern mit drin, und da hat die SED es geschafft - die konnte
damals alles -, daß der Zug nicht abfuhr; siebzehn Minuten
Verspätung von Küstrin-Kiez bis nach Frankfurt. Dann kam auf
einmal der Schulrat vorgefahren und holte die Eltern raus:
Der Kollege Voigt ist wieder eingestellt. Das Arbeitsgericht
hat entschieden: Er wird wieder eingestellt.

Nach der Wende hat sich dieser Schulrat bei mir entschuldigt. Es gibt auch Leute, die das tun, die anständig
sind. Er hat mir das schriftlich gegeben. Ich bin gar nicht
wieder eingestellt worden, weil das Arbeitsgericht so entschieden hatte, sondern weil die SED-Kreisleitung Angst vor
der Bevölkerung in Küstrin-Kiez hatte. Wenn man wollte,
konnte man auch im SED Unrechtsstaat etwas durchsetzen. Die
Bevölkerung - da bin ich heute noch stolz darauf - hat das
getan.

(Lebhafter Beifall)

Das Schlimme ist: Da sind jetzt Leute gestorben, und
die Frauen bringen mir diese Unterschriftensammlungen. Da
sind auch Unterschriften von Leuten dabei, denen ich das
überhaupt nicht zugetraut habe, die ich zwanzig Jahre miß-
achtet habe. Dessen schäme ich mich heute, aber so ist es
nun einmal. Die Menschen sind oft besser, als man denkt.

(Beifall)

Der Schulrat hat sich entschuldigt, und in seiner Ent-
schuldigung steht drin, schriftlich: Ich bin wieder eingestellt worden auf Grund der Proteste der Bevölkerung und
niemals auf Grund des Urteils des Arbeitsgerichtes.

Diskussionsleiter Markus Meckel: Ich danke Ihnen, Herr
Voigt; wir müssen jetzt schließen.

Herr Voigt: Ich will nur noch ganz fix sagen: Es gab auch Mut und auch Widerstand. Vergessen Sie das bitte nicht!

(Beifall)


Diskussionsleiter Markus Meckel: Es tut mir sehr leid, jemanden zu unterbrechen, der so spricht. Ich bin eben von noch jemandem gedrängt worden, daß er etwas sagen möchte. Bitte tun Sie das aber in zwei Minuten; dann möchten wir bitte schließen.


Herr Mebus: Mein Name ist Peter Mebus. Es handelt sich um die Zeit um 1970, um die strengste Abschottungsperiode der DDR von der Bundesrepublik. Ich lernte als Pädagogikstudent in Westberlin eine Lehrerin in Hildau kennen. Wir lernten uns kennen und lieben und wollten heiraten. Es ging nicht. - Entschuldigen Sie bitte meine Stimme.

Im Juli 1970 durchschwammen wir beide die Donau und kamen mit den in der Botschaft in Jugoslawien ausgestellten Pässen von Belgrad in die Bundesrepublik. Ein Jahr später erkrankte meine Frau an Krebs. Sie wuchs in ungefähr fünfhundert Meter Luftlinie Entfernung von einer Halde in Seligenstädt - Gera/Wismut auf. Jedenfalls war die Krankheit für Mediziner ganz eindeutig Lymphosarkomatose. Es gibt da eine Überlebenszeit von sechs Monaten. Meine Frau war sehr strahlensensibel und konnte ungefähr elf Monate nach der Analyse ihrer Krankheit überleben.

Sie erinnern sich, Anfang 1972 verhandelten die Bundesrepublik und die DDR über den Grundlagenvertrag. In der Phase stellte ich die Anträge auf Besuchserlaubnis der Eltern meiner Frau zu ihrer sterbenden Tochter. Es wurden alle Anträge abgelehnt, weil das vertragsrechtlich nicht geklärt war. Meine Frau verstarb dann ohne Besuch von der Mutter und vom Vater, allein. Im Juni, glaube ich - ich kann mich jetzt nicht mehr genau erinnern -, wurde der Grundlagenvertrag

verabschiedet. Danach beantragte die Mutter den Besuch an
dem Grab ihrer sechsundzwanzig Jahre alt gewordenen Tochter.
Der Antrag wurde schnöde abgewiesen. "Ihre Tochter ist doch
schon tot; was wollen Sie denn an ihrem Grab?"

In der Phase - das ist jetzt politisch brisant -, als
meine Frau todkrank war, wandte ich mich an die Alliierten
in Berlin - keine Reaktion. In dieser Phase wandten sich
meine Schwiegereltern an Vogel. Sie wurden aus dem Rechtsan-
waltsbüro rausgeschmissen. In der Phase fuhr mein Vater nach
Ostberlin. Er war ehemaliger Mitarbeiter des Stadtplanungs-
amtes des Magistrats von Großberlin. Er besuchte dort alte
Kollegen. Wir waren 1960 aus der DDR weggegangen, ins Saar-
land verschlagen worden. Mein Vater nahm privat erste Kontakte zu seinen alten Kollegen auf. In dieser Phase erfuhr
er, daß einer seiner ehemaligen Kollegen auf gepackten Kof-
fern sitzt, um nach Westberlin ausreisen zu dürfen. Zwei Wochen später trafen wir diesen Kollegen bei Aschinger, damals
noch Aschinger am Bahnhof Zoo, mit seiner Frau.

Er hat die Ausreise in der Phase, als meine Frau um ihr
Leben kämpfte und die Eltern noch einmal sehen wollte, bekommen. Wir wissen auch, wie diese Person nach Westberlin
herausdurfte. Es waren die Eltern eines Mitglieds der Ver-
handlungskommission des Senats beim Viermächteabkommen. Das
wissen wir von dem Vater aus erster Hand. Mir hat er das gesagt. Deswegen meine Aufgeregtheit - tut mir leid.

(Zustimmung)

Diskussionsleiter Markus Meckel: Meine Damen und Herren! Ich denke, was wir in den letzten zwei Stunden erlebt
haben, ist ein Zeichen dafür, wie nötig es ist, daß wir auch
noch künftig uns gegenseitig unser Leben und unsere Erfahrungen erzählen. Menschen, gezeichnet von vierzig Jahren
dieser Geschichte und ihren Erfahrungen - es wird viel zu
tun sein, damit diese Menschen, damit wir uns im geeinten
Deutschland mit den Erfahrungen, die wir gemacht haben, so

ernst genommen fühlen, daß dies anerkannt wird als ein Teil
der gemeinsamen deutschen Geschichte. Ich denke, daß dies
auch und ganz besonders eine Aufgabe der Enquete-Kommission
ist. Manches ist nicht wiedergutzumachen, nichts ist wiedergutzumachen, aber wir müssen es wahrnehmen. Wir müssen die
Schicksale ernst nehmen und so ernst nehmen, daß die
Menschen, die sie durchgemacht und die von ihnen gezeichnet
sind, sich ernstgenommen fühlen im gemeinsamen Deutschland,
daß sie sich nicht als Menschen zweiter Klasse fühlen,
denen noch eimal die Beine weggehauen werden. Auch solche
Erfahrungen haben wir gehört.

Es ist oft auch ein finanzielle Frage, aber nicht nur.
Es ist eine Frage der Anerkennung, es ist auch eine Frage
gezielter Förderung. - Über die Reflexion, was dies alles
bedeutet, soll das nächste Gespräch geführt werden, das Podiumsgespräch unter Leitung von Michael Passauer. Wir wollen
damit erst in fünf Minuten beginnen, damit man sich zuvor
etwas die Beine vertreten kann. Jetzt ist es 16.45 Uhr, wir
beginnen neu um 16.50 Uhr.

Herzlichen Dank allen, die hier geredet haben.

(Unterbrechung von 16.45 Uhr bis
17.01 Uhr)

Diskussionsleiter Martin-Michael Passauer: Meine Damen
und Herren, damit wir nicht noch weiter Zeit verlieren, und
Zeit ist ja auch heute ganz besonders kostbar, wage ich es
jetzt, den letzten Teil der öffentlichen Anhörung am heutigen Tag zu eröffnen.

Die Enquete-Kommission - so hat es vorhin der Vorsitzende schon gesagt - wird heute abend noch nach Hohenschönhausen fahren. Wir sind dort auch zu einer bestimmten Zeit
angemeldet und wollten eigentlich um 18.30 Uhr von hier ab-
fahren. Das hieße also, wir hätten jetzt knapp anderthalb
Stunden Zeit. Da auch hier wieder Menschen sitzen, die sich

auf diese Anhörung präzise vorbereitet haben, wäre es gut,
wenn wir die Zeit inhaltlich auskaufen.

Ich sage noch etwas zur Struktur der Anhörung heute.
Wir hatten zu dem großen Thema "Die SED-Diktatur - politische, geistige und psychosoziale Unterdrückungsmechanismen"
oder auch "Erfahrungen im Alltag" mit zwei theoretischen
Vorträgen begonnen, das heißt mit Vorträgen, die sich mit
inhaltlichen Fragen beschäftigt haben. Danach kamen in einem
weiteren Schritt die öffentliche Anhörung und der Bericht
von Erlebniszeugen. Etliche haben gesagt, die Zeit des Ge-
sprächs, die Zeit der öffentlichen Anhörung über dieses Podium hinaus war zu kurz. Wir wollten uns gerne, so sagten
manche, auch zu Wort melden; das war nicht möglich.

Es ist so, daß wir jetzt in einem dritten Schritt ein
Podiumsgespräch - so ist es jedenfalls vorgesehen - hier mit
Einbeziehung des Plenums durchführen wollen. Wir fünf, die
wir hier vorn sitzen, haben uns so geeinigt, daß wir selber
zunächst versuchen, kurz darzustellen, wo wir herkommen -
ich sage gleich noch etwas dazu -, und dann aber schon das
Plenum darauf reagieren kann, so daß wir dem Gespräch mit
dem Plenum noch einen größeren Raum einräumen, als es bisher
der Fall gewesen ist. Aber auch bei den einzelnen Gesprächs-
beiträgen im Plenum würde ich Sie sehr herzlich bitten, sich
kurz zu fassen, so daß wir möglichst viele anhören können.

Wir haben bei der Konzeption dieses dritten Teils darauf geachtet, daß jetzt hier nicht wieder Theoretikerinnen
und Theoretiker sitzen, die sich sehr intensiv mit den Dingen beschäftigt haben, sondern Menschen wie Sie und ich,
Menschen, die mit ausgesprochenem Herzklopfen hier vorn sitzen, weil sie von dem erzählen wollen, was in ihnen ist, was
sie bewegt, die aber auch des öffentlichen Redens bisher so
nicht kundig sind. Das macht das Gespräch aus. Es reden also
nicht Fachleute, sondern es reden hier vier Menschen, die
wir ausgewählt haben, von ihren eigenen Erfahrungen. Es
könnten theoretisch viele von Ihnen, die heute hier anwesend
sind, genauso hier vorn sitzen.

Wir haben uns so geeinigt, daß jede und jeder dann kurz etwas zu seiner eigenen Biographie sagt, so daß ich sie jetzt nicht näher vorzustellen brauche. - Es hat sich freundlicherweise Frau Edeltraut Pohl zur Verfügung gestellt. Sie sitzt rechts von mir. Weiter haben sich zur Verfügung gestellt Frau Jutta Seidel - sie sitzt links von mir -, Herr Professor Dr. Herbert Wolf - er sitzt von mir aus links außen - und Herr Michael Beleites - von mir aus rechts außen. Ich bin Martin-Michael Passauer, Diskussionsleiter, und ein Sachverständiger dieser Enquete-Kommission, der sich besonders mit dem Thema Kirchenfragen beschäftigt. Ich bin Pfarrer und Superintendent hier in Berlin Mitte und Prenzlauer Berg.

ten, daß sie etwas Biographisches zu sich sagen, daß heißt also ganz kurz erzählen, wer sie sind und wo und wie sie in der DDR gelebt haben. Nach dieser ersten kurzen Anhörung, nach dem ersten kurzen Durchlauf wollen wir dann in einem zweiten Gang        jeden bitten, daß er an ein oder zwei Stellen aus seinem Leben Geschichte erzählt, wo Eingriffe in sein persönliches Leben passiert sind und wie sie passiert sind, damit wir dann dieses Gespräch auch unter der Fragestellung, die wir vorhin schon miteinander angedacht haben, führen können: Haben diese Eingriffe eigentlich aufgehört? Wie wirken sie? Wirken sie noch? Wirken sie in anderer Form weiter? - Diese Fragen wollen wir dann weiter auch hier in dem Gespräch ventilieren.


Sve <u>Pohl</u>: Mein Name ist Edeltraut Pohl. Ich bin 1942 geboren, habe drei Kinder, bin verheiratet. Ich habe eigentlich einen technischen Beruf. Ich komme aus der Projektierung des Meliorationswesens, und ich habe jahrelang, als meine Kinder klein waren, zu Hause auf Honorarbasis gearbeitet. Ich wurde dann einmal von einer Bekannten gefragt, ob ich nicht Lust habe, bei ihnen in der Schule anzufangen. Sie brauchten da unbedingt dringend jemand.

Ich habe mir das angesehen und gesagt: Nein, das kann
ich nicht. Dieser Schulablauf ist nichts für mich. - Nach
einem Jahr habe ich dann doch dort angefangen, ich habe dort
im Büro gearbeitet und die kleineren Kinder zum Schwimmen
begleitet, manchmal auch eine Vertretungsstunde im Fach
Technisches Zeichnen gemacht. Meine Kinder sind selber auch
groß geworden; sie sind im evangelischen Kindergarten gewesen, in der Nachbargemeinde. Die Dinge, die mich also bewogen haben, wieder aus der Volksbildung herauszugehen, sind
eigentlich für mich damals schwierig zu verkraften gewesen.

Als unser Sohn ungefähr vierzehn Jahre alt war, habe
ich mit ihm eine Osternacht besucht. Damals war ich schon in
der Volksbildung, und wir trafen dort im Vorraum ein Mäd-
chen, das ich aus der Schule kannte. Als sie mich sah, bekam
sie einen Riesenschreck und ging also fort. Ich habe sie
dann auch nicht mehr gesehen, habe sie aber dann in der
Schule am nächsten Tag gefragt: Warum bist du gegangen? Da
sagte sie mir, sie hatte Angst, daß ich dem Direktor darüber
berichten werde, denn sie wußte, daß der Direktor der Schule
die Kinder aufgefordert hat, zu Veranstaltungen der Kirche
zu gehen, um sie am nächsten Tag wieder zu sich zu holen,
damit sie darüber berichten können. - Ich habe darüber mit
meinem Bruder gesprochen, der hier in Berlin Pfarrer ist.

Einmal wurden zum Beispiel die Taschen der Kinder kontrolliert, und aus der Schulmappe eines Mädchens aus der
zweiten Klasse wurde ein Bild, eine Fotografie entfernt. Wie
sie hineingekommen ist, wissen wir nicht. Sie stellte einen
Papierkorb dar, in den Gewehre gestellt waren. Darüber
stand: Gebt den Kindern kein Kriegsspielzeug! Dieses Material, dieses Bild wurde an die SED-Kreisleitung geschickt,
und die Betriebe der Eltern wurden informiert.

Ich denke, daß diese beiden Beispiele genügen. Ich
könnte noch etliche mehr aufführen, die ich dort in der
Schule erlebt habe, wie mit Kindern umgegangen worden ist.
Aber für mich war eigentlich ausschlaggebend, daß Kinder
mißbraucht wurden, um andere Kinder, die zu kirchlichen

Kreisen gegangen sind, dort anzuschwärzen und sie zu melden.
Ich weiß, daß die Meldungen dann immer an die Kreisleitung
und die Betriebe der Eltern gegangen sind. - Das erst einmal
so weit.


Diskussionsleiter <u>Martin-Michael Passauer:</u> Michael, machen Sie weiter?


Sv <u>Beleites:</u> Meine Damen und Herren! Ich freue mich,
hierher eingeladen worden zu sein. Ich gehöre zu den Jüngeren, bin 1964 in Halle geboren und im Pfarrhaus aufgewachsen, in der Nähe von Zeitz, im Braunkohlenindustriegebiet,
und habe dann nach der zehnten Klasse eine Berufsausbildung
mit Abitur machen wollen, diese aber nicht erhalten. Das
wurde damals mit mangelnden Leistungen begründet. Ich weiß
aber, daß Mitschüler mit noch schlechteren Leistungen genommen wurden, die sich allerdings verpflichtet hatten, für
eine längere Zeit zur Armee zu gehen. Dann habe ich eine Berufsausbildung als zoologischer Präparator gemacht und bin
dadurch nach Gera gekommen.
      Ich bin - eigentlich auch schon von Zeitz her - in Gera
in die kirchliche Umwelt- und Friedensbewegung hineingekommen, habe mich dort seit Anfang der achtziger Jahre enga-
giert und habe mich dann - weil ich in Gera lebte und
dachte, das auch konkret und am Ort machen zu müssen - mit
dem Problemkreis Uranbergbau beschäftigt. Direkt östlich an
Gera angrenzend befand oder befindet sich das größte Uranab-
baugebiet Europas, das unter sowjetischer Herrschaft stand
und eigentlich eine Art Ausnahmezustand bildete. Es war ein
Tabuthema, einmal wegen des militärischen Verwendungszweckes
des Urans - das war sozusagen ein Teil des sowjetischen
Atombombenprojektes -, zum anderen, weil dieser Uranbergbau
Opfer verursacht hat. Das waren keinesfalls nur die Bergar-
beiter selbst, sondern auch Menschen, die in der Umgebung
wohnten und diesen Strahlenbelastungen ausgesetzt waren und
dann in größerer Anzahl von Erkrankungen betroffen wurden,

die von dieser radioaktiven Umweltbelastung herrührten. Wir hörten das ja vorhin schon an einem sehr drastischen Beispiel.

Ich habe dann recherchiert, und wir haben im März 1987 ein Seminar veranstaltet. Dann habe ich diese Ergebnisse zusammenfassen wollen beziehungsweise zusammengefaßt und daraus die Dokumentation "Pechblende - der Uranbergbau in der DDR und seine Folgen" geschrieben. Diese Dokumentation wurde vom kirchlichen Forschungsheim in Wittenberg und vom kirchlichen Ärztearbeitskreis in Berlin herausgegeben. Diese sechzigseitige Dokumentation habe ich damals nicht nur selber geschrieben, sondern dann auch noch selbst gedruckt. Im Keller der Berliner Zionskirche habe ich dann eine Woche lang an der Wachsmatrizendruckmaschine gestanden und gekurbelt.

Es hat dann natürlich sehr großes Aufsehen bei der Staatssicherheit erregt, daß dieses Tabuthema dann doch relativ detailliert beschrieben war, mit allen seinen Folgen. Ich habe sehr schlimme Repressionen erleben müssen. Mir wurde unter Androhung von Gewalt verboten, mich in Kirchen zu diesem Thema weiter zu äußern, an diesem Thema weiter zu arbeiten. Es wurden Drohbriefe an das Forschungsheim und an mich geschickt, um eine zweite Auflage dieser Dokumentation zu verhindern.

Das war nur ein Teil dieser Stasirepressionen; die hatten schon 1982 angefangen. Seitdem bestand nämlich ein sogenannter operativer Vorgang gegen mich wegen dieser Mitarbeit in den kirchlichen Friedens- und Umweltgruppen. Ich gehörte dann auch zu einem Kreis, der politische Ost-West-Begegnungen mit organisiert hat - so lange, bis dann die westdeutschen Teilnehmer nicht mehr einreisen durften. Dann haben wir uns in Ungarn und in Polen getroffen; dann schließlich durften einige andere Ostdeutsche und auch ich nicht mehr ausreisen. Wir hatten zwei Jahre lang Ausreisesperre.

Das heißt, man hat mir nicht gesagt, von jetzt an dürfe ich nicht mehr reisen, sondern ich mußte immer wieder zur

Grenze hinfahren, um zu probieren, ob ich denn noch durch-
komme. Das ist eine ausgesprochen entwürdigende Prozedur,
aus dem Zug geholt zu werden, von den Freunden getrennt zu
werden und auf dem gegenüberliegenden Bahnsteig in Bad
Schandau in der Kälte zu warten, bis dann der nächste Zug
zurückfährt, und nicht zu wissen und nicht zu erfahren, wie
lange das so weitergeht, sich nicht mit den Leuten auseinandersetzen zu können, die das veranlaßt haben.

Diese Reisesperre, die ja bei vielen Leuten in der Opposition eine Methode war, hat natürlich nicht nur zur Isolation gegenüber den westdeutschen oder auch osteuropäischen
Freunden geführt, sondern hat eine generelle Isolation bewirkt, weil ich ja mit meinen ostdeutschen Freunden nicht
mehr zusammen in Urlaub fahren konnte. Die fuhren natürlich
ins Ausland, und ich war der, der zu Hause blieb. Das ist
eine Form dieser Zersetzungsmaßnahmen gewesen, über die bisher noch relativ wenig berichtet worden ist.

Diskussionsleiter Martin-Michael Passauer: Können wir
vielleicht einen Moment unterbrechen, um noch die anderen
Biographien zu hören, weil es jetzt schon ein bißchen ins
Detail geht?

Sv Beleites: Ich wollte nur noch kurz zu meiner Biographie sagen, daß ich im Herbst 1989 dann ins Bürgerkomitee in
Gera gegangen bin, die Stasi dort mit aufgelöst habe, relativ frühzeitig - Anfang 1990 - meine eigene Akte zu sehen
bekam, diese dann heimlich kopiert habe, obwohl ich es eigentlich nicht durfte, und daraus dann anhand dieses Falles
versucht habe darzustellen, wie Zersetzung, Repression ohne
Gefängnis funktioniert hat. Darüber habe ich dann das Buch
"Untergrund" geschrieben, das 1991 erschienen ist.

Diskussionsleiter Martin-Michael Passauer: Jutta Seidel
hat jetzt das Wort.

Sve **Dr. Seidel:** Ich bin Jahrgang 1950, geboren in Brandenburg, Tochter eines Lehrers - was bedeutet, daß ich primär zur Anpassung erzogen worden bin, was ich meinem Vater nicht vorwerfe. Das war halt in den fünfziger Jahren so.

Mein erstes großes politisches Erlebnis war die Zeit um 1968, Prag 1968. In furchtbarer Scham darüber, daß wir mit dem Bus an die Strecke gekarrt wurden, wo die NVA wieder begrüßt wurde, als sie aus der CSSR zurückkam, bin ich da noch mitgefahren, habe mich aber in der dritten, vierten, fünften Reihe gehalten und mich, wie gesagt, fürchterlich geschämt. Von da an habe ich einfach so für mich nichts mehr richtig mitgemacht, was von mir erwartet wurde und hinter dem ich nicht stand.

Ich habe dann in Berlin Zahnmedizin studiert und dort im Seminar schon meine ersten Schwierigkeiten bekommen. Ich habe versucht, im FDJ-Studentenclub mitzumachen, habe dort versucht, Schriftsteller wie Günter Kunert und Jurek Becker reinzuholen, die dann dort auch gelesen haben. Mein Vorschlag, Wolf Biermann zu holen, war dann endgültig das Aus meiner Mitarbeit in diesem Studentenclub.

Ich bin dann in die ESG gegangen, zur Evangelischen Studentengemeinde, was sicher für meine politische Entwicklung sehr wichtig war, weil es dort einen Freiraum gab. Von da an habe ich sozusagen zwei Leben gelebt; das eine war das Studium, später die Arbeit, und das andere war dieser politische private Bereich.

1982 - da habe ich dann schon gearbeitet - habe ich mit 150 Frauen eine Eingabe gegen den Plan geschrieben, im Fall der Mobilmachung auch Frauen zum Wehrdienst zu holen. Von da an ging es mir beruflich und in meinem dienstlichen Umfeld schlechter, aber privat ging es mir besser, weil ich diesen Freundeskreis hatte und weil ich diese Leute hatte, die politisch sehr aktiv waren. Wir haben so eine Gruppe "Frauen für den Frieden" gegründet, haben verschiedene Aktionen gemacht, sind ziemlich bedroht worden und haben einige Repressionen hinnehmen müssen. Das alles hat mir mehr geholfen als

diese Überanpassung, die ich allenthalben ringsherum in meinem Kollegenkreis und überall gesehen habe.

Das Endziel meiner politischen Entwicklung war dann sozusagen die Mitbegründung des Neuen Forum, was ich immer alles mit vollem Herzen betrieben habe. Jetzt habe ich mich
mehr oder weniger ins Berufs- und Privatleben zurückgezogen,
bin aber jederzeit bereit - und ich sehe durchaus, daß das
auch wieder nötig wird -, mich wieder zu aktivieren und politisch tätig zu werden, wenn ich denn ein Feld finde, wo
ich das tun kann. - Danke.


Diskussionsleiter Martin-Michael Passauer: Herr Professor Wolf, bitte.


Herr Dr. Wolf: Ich heiße Herbert Wolf, bin Anfang 1925
geboren.

Es wurde heute schon mehrfach erwähnt, daß die Motiva-
tionen und die Verhaltensweisen der Menschen in DDR sehr unterschiedlich waren. Das trifft auch für mich zu. In gewissem Sinne bin ich eine Ausnahme. Mein erstes Grunderlebnis
waren 1945 und die folgenden Jahre. In meiner Kinder- und
Jugendzeit und im Gefolge des faschistischen Krieges habe
ich mich überzeugt, daß diese Ordnung des Kapitalismus - wie
wir sagten - prinzipiell verändert werden muß. Ich habe mich
also dem Sozialismus geweiht und versucht, ihn aufzubauen.
Dieses Grunderlebnis hat auch mein gesamtes Leben bestimmt.

Ich habe Volkswirtschaft studiert, 1952 promoviert und
war 1952 bis 1953 zu einem Zusatzstudium in Moskau. Ich habe
mit zunehmendem Entsetzen die Stalinisierung der SED, der
DDR und die letzten Monate, das letzte Jahr Stalins erlebt,
und mir wurde klar: So geht kein Sozialismus. Ich habe dann
ab Mitte der fünfziger Jahre die damals verbreitete Losung
sehr ernstgenommen, und ich hielt sie auch für völlig richtig: Es hieß damals, daß der Sozialismus als noch sehr junge
Ordnung gar nicht alle seine Möglichkeiten entfaltet hat und
jetzt alle aufgerufen sind, ihn nun richtig zu gestalten.

Mein Fehler war wie der Brechts: Ich hatte Vorschläge gemacht. Erstens bin ich davon ausgegangen, daß ohne prinzipielle Demokratie keinerlei Sozialismus funktionieren kann. Zweitens war ich als Ökonom der Überzeugung, daß eine gesellschaftliche Planung und bewußte, zielgerichtete Regelung der gesellschaftlichen und vor allem der wirtschaftlichen Entwicklung auf keinen Fall bürokratische Befehlswirtschaft heißen kann, nicht nur der Effizienz wegen, sondern weil sie Unfreiheit und Unterdrückung und damit Untertanenverhalten erzeugt. Drittens bin ich in damaligen Diskussionen scharf gegen den Dogmatismus aufgetreten. Das hat dazu geführt, daß ich 1958 die erste und 1959 eine zweite, sehr schwere Parteistrafe bekommen habe.

Ich muß dazu sagen, daß ich 1956 an die Leipziger Universität, die damalige Karl-Marx-Universität, berufen worden bin, zum Professor mit Lehrstuhl und als Institutsdirektor für politische Ökonomie. Ich wurde Ende 1959 wegen parteifeindlichen Verhaltens, wegen Revisionismus relegiert, habe meinen Lehrstuhl verloren und bin als Planungsmitarbeiter in die Industrie gegangen. Ich erhielt knapp ein Viertel meines vorherigen Nettoeinkommens.

Zu einem zweiten, ganz entscheidenden Erlebnis muß ich noch etwas sagen. Das war für mich, als ich wieder einsteigen durfte (und sollte), indem meine Grundideen, wie man eientlich Sozialismus machen könne oder müsse, plötzlich ab Anfang der sechziger Jahre der Spitze wieder sehr erwünscht schienen. Das wurde mir signalisiert. Ich wurde praktisch direkt aus der Industrieverbannung 1962/1963 in die Leitung der Plankommission berufen, um die theoretischen Arbeiten zur Wirtschaftsreform - "Neues Ökonomisches System" - mitzugestalten, wenn man so will, maßgeblich zu gestalten.

Ich habe in dieser Zeit erkannt, daß die Grundstruktur des politischen Systems in der Tat nicht erlaubt, eine wirksame Wirtschaftsreform zustande zu bringen, und zwar nicht nur innerhalb der DDR, sondern im gesamten damaligen sozialistischen Lager, wie es hieß. Das wurde Ende der sechziger

Jahre durch den Einmarsch in die CSSR signalisiert, als eigentlich die Reformwilligkeit oder Reformbereitschaft und
Reformfähigkeit über Bord geworfen wurde. Ich verlor meine
Funktion, meinen Auftrag, und ich wurde an eine Hochschule
mit einem Lehrstuhl zurückgeschickt. Insofern muß ich sagen,
daß es ganz vermessen wäre, mich da irgendwie als Opfer zu
bezeichnen. Aber ich muß dazu auch bemerken: Ich habe in der
Zeit meiner Tätigkeit an der Hochschule mehrere Jahre meine
Rechte als Lehrstuhlinhaber im Sinne der Beteiligung am Fa-
kultätsrat und an ähnlichen Dingen nicht ausüben können.

Ich habe auch de facto Publikationsverbot gehabt. Das
erfolgte nicht offiziell, sondern das war so, daß die Redak-
tionen meine Ausarbeitungen entweder nicht annahmen, oder
wenn sie sie annahmen, wurden sie nicht publiziert, oder
wenn es publiziert wurde, wurde es nicht verkauft. Zwei meiner Publikationen, die immerhin offiziell hier in der DDR
erschienen sind, sind entweder gar nicht - das betrifft eine
in den siebziger Jahren - oder erst mit fünf Jahren Verspätung ausgeliefert worden. Ich habe aber dennoch in Zusammenarbeit mit gleichorientierten Menschen, Wissenschaftlern
in anderen sozialistischen Ländern, darunter Abalkin und
weiteren, in verschiedenen sozialistischen Ländern, auch in
der UdSSR publizieren können.

In den letzten Jahren bis zu meiner altersmäßigen Eme-
ritierung habe ich mich der studentischen Ausbildung gewid-
met, insbesondere den Methoden der Ausbildung, um hier einiges verändern zu können.

Meine Damen und Herren, ich will das damit abschließen.
Ich habe das dringende Bedürfnis, angesichts dessen, was wir
heute hier gehört haben, zu sagen, daß ich - der ich bis zuletzt versucht habe, etwas Ordentliches aus dem gesell-
schaftspolitischen Ziel, das hier in der DDR verfolgt wurde,
zu machen - mich in mehrfachem Sinne mitschuldig fühle. Mich
erfüllt in gewissem Sinne sowohl Scham als auch Empörung
darüber, was im Namen dessen, wofür man angetreten war - es
hieß ja in dem Lied, das Menschenrecht sei zu erkämpfen; es

ging darum, eine Gesellschaft zu gestalten, in der die Freiheit eines jeden die Grundlage für die freiheitliche Entwicklung aller sein soll -, geschehen ist und daß das so
endgültig und so pervers umgekehrt wurde, daß so schlimme
Dinge passiert sind.

Ich muß sagen, daß ich hier in dieser Kommission mitar-
beite - ich bin als Experte Mitglied dieser Kommission -,
hat seinen Grund darin, das abzuarbeiten, damit sich, von
welcher Seite auch immer - ich betone, von welcher Seite
auch immer -, Derartiges nicht wiederholt.

Danke.

(Beifall)

Diskussionsleiter Martin-Michael Passauer: Vielen Dank
Ihnen vielen, daß Sie auch so persönlich geredet haben. Daß
sich nichts wiederholt - ich nehme dieses Stichwort einmal
auf -, ist auch ein Ziel unserer Kommission. Das bedeutet
aber, daß wir Strukturen, daß wir Mechanismen genau entdek-
ken und erforschen. Zu diesem Zweck sind wir auch heute
hier. Deshalb nehme ich noch einmal das Wort von Michael Beleites auf, der von Zersetzungsmaßnahmen gesprochen hat, der
gesagt hat: Das Schwierigste ist, sich nicht mit denen auseinandersetzen zu können, die die Maßnahmen ergriffen haben.

Das heißt, das Schwierige für viele ehemalige DDR-Bürger ist bis auf den heutigen Tag, daß sie sich nicht mit
denen - ob öffentlich oder nicht öffentlich - auseinandersetzen können, die die Maßnahmen ergriffen haben oder die an
den Menschen in der DDR so schweren Schaden ausgelöst haben.

Deshalb würde ich jetzt Sie vier in einer zweiten Runde
noch einmal bitten, uns das zum Stichwort Zersetzungsmaßnahmen noch einmal zu verdeutlichen. Können Sie eine einzige
Situation schildern - ich weiß, daß jede und jeder von Ihnen
jetzt noch einmal eine Stunde reden könnte -, die für unser
Forum hier heute hilfreich wäre, an der deutlich wird, wie
die Zersetzungsmaßnahmen, wenn sie denn nicht nur allein

eine durchsichtige Repressionsmaßnahme waren, funktioniert haben? Wie haben sie bei Ihnen selber in Ihr eigenes Leben eingegriffen? - Wer kann dazu beginnen?

Sv <u>Beleites:</u> Ich würde dazu doch gern erst einmal kurz theoretisch etwas sagen, obwohl Sie hier eigentlich sagten, wir sollen diejenigen sein, die das praktisch sagen.

"Zersetzungsmaßnahmen" hieß ein Begriff der Stasi, der meinte, Repressionsmaßnahmen anzuwenden, die nach außen hin nicht oder kaum sichtbar sind, bei denen zumindest nicht sichtbar wird, wer sie veranlaßt hat. Ich glaube, es gab eine Wandlung der Repressionsmechanismen in der DDR, wobei in den fünfziger/sechziger Jahren mehr mit grober Gewalt und vor allen Dingen mit Inhaftierungen gegen Kritiker vorgegangen wurde, während in den siebziger Jahren - zumindest nach Helsinki - wahrscheinlich die Linie so war, zwar Repressionen anzuwenden, aber diese nicht so sichtbar zu machen.

Es gab dann bezeichnenderweise direkt nach der Helsinki-Konferenz Anfang 1976 diese Richtlinie von Mielke über operative Vorgänge, in der aufgeführt ist, wie Zersetzungsmaßnahmen durchzuführen sind und wie so etwas auszusehen hat. Darin steht zum Beispiel:

> systematische Diskreditierung des öffentlichen Rufes, des Ansehens und des Prestiges auf der Grundlage miteinander verbundener wahrer, überprüfbarer und diskreditierender sowie unwahrer, glaubhafter, nicht widerlegbarer und damit ebenfalls dikreditierender Angaben,
>
> ...systematische Organisierung beruflicher und gesellschaftlicher Mißerfolge zur Untergrabung des Selbstvertrauens einzelner Personen.

In der darauffolgenden Richtlinie zur Durchführung von zentralen operativen Vorgängen kam dann noch dazu:

> Störung der Privatsphäre maßgeblicher, den feindlichen Stellen und Kräften angehörender Personen mit dem Ziel, diese von der feindlichen Tätigkeit abzulenken beziehungsweise zu isolieren.

Es wurde in solchen operativen Vorgängen stabsmäßig geplant und vorbereitet, wie die Kritiker eigentlich kaputtzumachen, kaputtzuspielen sind, ohne daß sie das recht mitbekommen.

In meinem Fall sah das so aus, daß es eine Verbindung zwischen beruflicher Diskriminierung und Bildungsdiskriminierung gab. Das heißt, nach dieser Berufsausbildung, die ich absolviert hatte, weil ich die Berufsausbildung mit Abitur nicht machen durfte, wollte ich ein Fachschulstudium aufnehmen, um darüber dann die Hochschulreife zu erlangen. Dazu brauchte man eine Delegierung des Betriebes oder der Einrichtung, an der man arbeitete, und die habe ich eben nicht erhalten - wie ich jetzt weiß, auf Grund der Einflußnahme der Staatssicherheit. Es war zweimal der Fall, 1984 und 1987, daß ich mich da beworben habe beziehungsweise bewerben wollte und die Stasimitarbeiter dann in der Museumsleitung auftauchten und sagten: Es ist kein Delegierungsvertrag abzuschließen. Deswegen wurde das dann auch nicht gemacht.

Ich hätte die Möglichkeit gehabt, über die Volkshochschule das Abitur nachzuholen. Nur habe ich damals gedacht: Wenn ich aus politischen Gründen noch nicht einmal zu einem Fachschulstudium zugelassen werde, dann werde ich mit Sicherheit auch nicht zu einem Hochschulstudium zugelassen. Warum soll ich dann jetzt dieses Volkshochschulabitur machen? Daß die DDR so schnell zusammenbricht, war nicht abzusehen. Ich habe mich dann 1988 ein weiteres Mal beworben, für ein landwirtschaftliches Fachschulstudium. Das ist dann

auch abgelehnt worden, nachdem ich dann schon beim Museum
zwangsweise aufgehört hatte.

Ich habe mich dann erkundigt, was es für Möglichkeiten
gibt, nun doch ein Studium aufzunehmen, und bin jetzt in der
Bundesrepublik auf sehr viel bürokratische Hürden gestoßen.
Man sagte mir zum Beispiel, ich müßte jetzt in einem dreieinhalbjährigen Volkshochschulkurs das Abitur nachholen, und
erst dann könnte ich ein Hochschulstudium beginnen. Das habe
ich angefangen. - Dann habe ich von einer Regelung im Berliner Hochschulrecht erfahren, daß es in Berlin für Leute mit
einer abgeschlossenen Berufsausbildung, die mehrere Jahre im
Beruf gearbeitet haben, möglich ist, ohne Abitur das Hochschulstudium aufzunehmen. Das gilt aber wiederum nicht für
Numerus-clausus-Fächer, wozu Biologie gehört, was ich studieren wollte, zumindest nicht für solche Numerus-clausus-
Fächer, die an der Dortmunder Zentralvergabestelle dranhän-
gen, und das ist das Biologiediplomstudium. So habe ich
jetzt mit dem Landwirtschaftsstudium angefangen, in der
Hoffnung, nach dem Grundstudium überwechseln zu dürfen, was
aber laut Satzung nicht geht.

Für mich ist jetzt die Frage, hier nicht nur über
Schicksale zu berichten, sondern auch gemeinsam dazu Überle-
gungen anzustellen, wie man Rehabilitierungsregelungen für
berufliche Diskriminierung und für Bildungsdiskriminierung
entwickeln kann, damit Leute, die sehr viele Repressionen
erleiden mußten, weil sie diesem DDR-System Widerstand ent-
gegengesetzt haben, und die in ihrer beruflichen Entwicklung
um Jahre zurückgeworfen wurden, jetzt nicht noch weiter
Zeitverzögerung erleiden.

(Beifall)


Diskussionsleiter Martin-Michael Passauer: Herr Dr.
Wolf, bitte.

Herr Dr. Wolf: Ich möchte mich dem anschließen, wenn gesagt wurde, daß die Repressionen in den letzten Jahren der DDR eigentlich nur subtiler, aber keineswegs schwächer geworden sind. Man hört generell immer wieder: Am Anfang gab es ganz schlimme Dinge. Diese schlimmen Dinge wurden ja mehr oder weniger gerechtfertigt - Brecht hatte einmal geschrieben, daß wir, die wir Freundlichkeit wollten, selber nicht freundlich sein konnten. - Aber, nachdem sich einiges etabliert hatte und nachdem insbesondere ab Mitte bis Ende der siebziger Jahre immer mehr die gewöhnliche, nackte Machtsicherung der etablierten Leute überhandnahm, wurden ganz feine Methoden angewendet, die aber ihrerseits nicht neu waren.

Ich habe vorhin erwähnt, daß ich Ende der fünfziger Jahre mehrere Verfahren hatte und - wenn man so will - als Professor ja auch für einige Jahre Berufsverbot hatte. Das ist so vorbereitet worden, daß da plötzlich Artikel von Leuten erschienen, die ich bis heute nicht kenne, präparierte Artikel, die mir Sachen vorwarfen, die zum Teil Jahre zurücklagen. Eine Denunziation habe ich erst dieser Tage, in diesen Wochen aus meinen Akten geholt, die von 1956 stammte und mir Ende 1959 in dem Parteiverfahren vorgeworfen wurde. Das heißt, sie wurde eine gewisse Zeit aufbewahrt und dann praktisch eingeführt.

Für meine Begriffe ist eine der wichtigsten Fragen, gerade die verdeckten Strukturen und Mechanismen herauszubekommen. Wir haben hier in der Kommission darüber diskutiert; ich weiß, es ist sehr schwierig. Es gibt da eine Teilarbeitsgruppe, um dem nachzukommen. Heute kamen ähnliche Dinge wieder zur Sprache. Ich weiß, es ist sehr schwierig, verdeckte Mechanismen, darunter das, was man unter dem Begriff Seilschaften versteht - das sind auch verdeckte Mechanismen -, herauszubekommen, lahmzulegen, trockenzulegen. Das ist eine ganz andere Angelegenheit.

Vielleicht darf ich noch ein Wort zu der Problematik, die ich ebenfalls andeutete, sagen. Man könnte sagen, der will Professor sein und hängt jahrzehntelang irgendwelchen Visionen nach. Ich bin der Meinung, daß es Gründe gab - das will ich jetzt hier nicht ausbreiten, dazu haben wir nicht die Zeit und sicher auch nicht den Konsens -, daß es in der DDR Entwicklungsphasen gab, in denen in der Tat neue Dinge angepackt wurden und auch einiges, wenn man so will, im Ansatz geschaffen wurde. Das sind Aspekte, an denen man heute dort anknüpft, wo DDR-Nostalgie entwickelt wird. Es gab darunter Entwicklungen in Richtung sozialer Sicherheit, eines gewissen Gemeinschaftsgefühls u. ä. Gleichzeitig war es bei allen Neuerungen so, daß von Anfang an die etablierten Machtstrukturen ihre Bedenken hatten, daß ihre Existenz und ihre Funktion beeinträchtigt und unterlaufen wird, und dagegen angingen.

Das ist ja hochinteressant: In derselben Zeit, in der die Leute aufgerufen wurden, sich Gedanken zu machen, wie wier denn eigentlich den Sozialismus zum Siege führen können, wurde bei den Juristen die Babelsberger Konferenz durchgeführt, um den Revisionismus zu zerschlagen, wurden die Ökonomen Behrens und Benary verfolgt, und ich als Schüler von Behrens bin gleich mit kassiert worden - wie gesagt, in gezielter Einkreisung. Es wurde die Diskussion um Bloch zwecks seiner Vertreibung als Philosoph von Leipzig geführt. In allen Gebieten wurde de facto eine Gegenaktion gestartet. Das sind auch die Mechanismen: Wie macht man denn so etwas?

Ich will da niemanden belehren, wie man es macht, auch keine Theorie schaffen, aber ich halte es zum Beispiel wirklich für gut - ich habe das auch Herrn Fischer angeboten -, wenn wir in der Frage des Totalitarismus theoretisch vorankommen. Das klären wir nicht heute abend,

aber meiner Meinung nach ist das wirklich wichtig. Es ist
ganz gleich, unter welcher Farbe,

(Beifall bei den Abgeordneten der
F.D.P.)

unter welchem Signum Totalitarismus läuft. Er hat ähnliche
Mechanismen, die man meiner Meinung nach aufdecken und verhindern muß.

Danke.

(Beifall)

Diskussionsleiter Martin-Michael Passauer: Vielen Dank.
Wir haben ja hier eine Protokollantin, die das alles auf-
schreibt, damit uns solche Anregungen nicht verlorengehen. -
Jutta Seidel, bitte.

Sve Dr. Seidel: Ich hatte Anfang der achtziger Jahre
immer den Eindruck, daß es mir sehr zustatten kam, daß ich
erstens eine Frau und zweitens Zahnärztin bin, denn mit den
Frauen konnte die Stasi am Anfang nicht so richtig umgehen,
vor allem nicht, wenn sie massenweise auftraten. Als
Zahnärztin hatte man insofern eine relativ gute Position,
als man seine Patienten und auch ein relativ selbständiges
Betätigungsfeld hatte, wo nicht allzuviel Eingriffe möglich
waren.

Daß sie doch möglich waren, habe ich gemerkt. Es war
so, daß ich in der Poliklinik, in der ich gearbeitet habe
- es war eine Riesenpoliklinik mit über dreißig Zahnärz-
ten -, immer geschnitten worden bin. Immer, wenn ich irgendwo hinkam, eilte mir der Ruf schon lange voraus, wer da
jetzt kommt. Das war zu merken, das war bei mir die ganzen
Jahre zu merken. Ich bin vier-, fünfmal in Außenstellen dieser Poliklinik versetzt worden, und zwar immer in Außenstellen, die sehr unbeliebt waren, die schlecht ausgerüstet und

mit entsprechenden SED-Genossen als zweitem Kollegen dort
bestückt waren. Ich habe jetzt in den wenigen Überresten von
den über mich angelegten Stasiakten - der größte Teil ist
vernichtet, da gibt es nur leere Aktendeckel - gelesen, daß
genau mit diesen SED-Leuten auf mich Druck ausgeübt und ich
in eine umfassende "gesellschaftliche Maßnahme" einbezogen
werden sollte. Das ist wohl der Terminus.

Es gab in der DDR die Pflicht, eine Fachzahnarztprüfung
zu machen. Ich habe dreimal zu dieser Prüfung Anlauf genommen. Dazu muß man sagen, es fällt schon einmal jemand durch
so eine Facharztprüfung, ein zweites Mal fällt schon kaum
noch jemand durch, aber ich bin dreimal durchgefallen. Ich
habe es also gegen den Rat von Freunden, die sagten: Laß es
sein, es hat keinen Sinn, die wollen das nicht!, wirklich
ein drittes Mal gemacht. Ich wollte es einfach wissen. So
blöd kann man gar nicht sein, daß man dreimal durchfällt.
Vor allem hätte man mich fesseln und aus dem Haus jagen müssen, hätte mir diesen Beruf verbieten müssen, wenn ich so
dämlich bin.

Natürlich hat das auf mich Auswirkungen gehabt. Ich bin
Gott sei Dank nicht übertrieben ehrgeizig, und ich glaube,
was mir auch immer sehr zustatten gekommen ist, ist meine
überdurchschnittliche, sicher angeborene Heiterkeit. Irgendwo war es mir dann letzten Endes egal, und trotzdem
merke ich: Es hat seine Wirkung getan. Ich habe eine chroni-
sche Bronchitis, die hatte ich schon als Kind, aber die ist
in den letzten Jahren immer schlimmer geworden; jetzt ist
sie besser. Irgendwo drückt man das halt hin.

Ich denke schon, daß das ein Beispiel ist, wie auch
solche Zersetzungsmaßnahmen durchgeführt worden sind.


Diskussionsleiter Martin-Michael Passauer: Jetzt hat
Frau Pohl das Wort. Dann ermutige ich Sie im Plenum, sich zu
Wort zu melden.

Sve **Pohl:** Ich will erst noch einmal auf die Schule zurückkommen. Irgendwann hatte ich dann die Probleme mit der Schule satt, und durch Vermittlung wurde ich dann kirchlicher Mitarbeiter, habe dann in der Samaritergemeinde zu arbeiten angefangen, hatte dort eigentlich ein aufregendes Leben in den letzten Jahren, aber auszuhalten hatten es eigentlich unsere Kinder.

Als wir für unsere jüngste Tochter den Antrag stellten, zum Abitur zu kommen - ich muß sagen, sie hat die zehnte Klasse mit dem Prädikat "Sehr gut" gemacht -, gab es nach der Ablehnung ein Gespräch im Magistrat. Es war schon die zweite Ablehnung gewesen. Dort hat man uns gesagt, ein solches Kind lohne sich nicht auszubilden. - Wir haben also den Platz nicht bekommen. 1990 hätte sie dann noch einmal einen Antrag stellen können, weil sie gerade 1990 aus der Schule gekommen ist. Aber da konnte sie sich nicht mehr vorstellen, - -

(unter Weinen)

Ich kann nicht mehr.


Diskussionsleiter **Martin-Michael Passauer:** Das gehört auch zu unserer öffentlichen Anhörung. Ich danke Ihnen, daß Sie trotzdem von dem erzählen, was Sie bewegt und beschäftigt.

(Beifall)

Vielleicht haben Sie nachher noch einmal Kraft, weiter zu erzählen. Dann nehme ich Sie dazwischen.

Jetzt haben sich einige aus unserer Kommission gemeldet, aber auch einer vorher mit einem kleinem Zettelchen. Ich darf Sie doch bitten, wenn Sie sich jetzt im Plenum äußern, sich stärker den Fragen zuzuwenden: Wie hat das in mir gewirkt? Was hat das in mir ausgelöst? Was trage ich heute davon? - Es geht also darum, wenn es irgend geht, nicht noch

neue Erlebnisberichte hinzufügen, weil wir ein bißchen darüber hinauskommen und mehr zu der Frage kommen wollen: Was
hat das in uns bewirkt? Ist diese Geschichte zu Ende, oder
geht sie weiter? Wirkt sie immer noch? Wie können wir eigentlich mit dem Schaden, mit den Verletzungen, mit den Unterdrückungsmechanismen, die in uns gewirkt haben, leben? -
Einige Antworten haben wir ja schon bekommen.

Ich wäre dankbar, wenn Sie sich stärker zu diesen Fragen äußern, statt noch einmal neue Erlebnisse hinzuzufügen.
Wenn einer oder eine sagt: Ich muß das aber hier öffentlich
noch loswerden!, hat der- oder diejenige natürlich das
Recht, das auch zu sagen, aber das Gespräch soll eigentlich
ein wenig in eine andere Richtung gehen.

Gestatten Sie, meine Damen und Herren von der Enquete-
Kommission, wenn ich erst einmal noch ein paar Leute aus dem
Plenum vorlasse und dann Sie, die Sie sich schon vorher gemeldet haben, danach drannehme? - Dann müßte ich jetzt fai-
rerweise erst Herrn Bude aufrufen. Würden sich bitte all
diejenigen freundlicherweise noch einmal melden, die jetzt
noch Interesse daran haben, sich zu äußern? - Drei. Danke
sehr.


Herr **Bude:** Ich möchte einiges zum Thema Aufarbeitung,
Rehabilitierung und Wiedergutmachung bemerken. Wir haben
heute hier Erlebnisberichte gehört und bewundern den Verleger aus Zittau, der mit sächsischer Helligkeit und Schwejk-
schem Humor eine schreckliche Berufs- und Existenzentwick-
lung ertragen hat. Wir haben aber auch hier nicht den Auf-
schrei der gequälten Kreatur gehört, wir haben mehrere Male
das Schluchzen der gequälten Kreatur gehört, und auch ich
gehöre zu denen, denen es die Kehle zuschnürt, wenn ich so
etwas höre. Wie hat das in uns weitergewirkt?

Ich war fünfeinhalb Jahr in Workuta im Gulag. Wie hat
das weiter gewirkt? Ich gehörte zu den glücklichen Menschen,
die eine befriedigende berufliche Entwicklung in Westdeutschland erlebt hatten, und es hatte sich das gesetzt,

was Schreckliches war. Man hat immer wieder mit Trauer und
Bestürzung erlebt, wenn man vorgehalten bekam, wenn man das
schreckliche Erlebnis und eine gewisse Verachtung des SED-
Regimes äußerte: Mach dich doch endlich von der Stachel-
drahtbrille frei. Mach dich doch frei von dem Feindbild. -
Mir hat das weh getan, wenn mir das gesagt wurde.

Mir hat erst recht weh getan, wenn Günter Gaus nach
seiner Eigenschaft und Funktion als ständiger Vertreter der
Bundesrepublik Deutschland in der DDR einmal gesagt hat:
Wenn er diese Antikommunisten sehe, dann würde er mit Entsetzen dem Tag entgegensehen, da die einmal in ganz Deutschland die Macht haben. - Vielleicht nimmt er zur Kenntnis,
wie Herr Honecker behandelt wird, und vielleicht nimmt er
zur Kenntnis, was einige hier erlebt und mitgeteilt haben.

(Lebhafter Beifall)

Es ist die Sache mit dem roten Teppich - das wird ja
Helmut Kohl vorgeworfen - angesprochen worden. Ich erinnere
mich noch sehr gut, wie der Vorsitzende der CDU/CSU-Fraktion
Dr. Dregger angegriffen, verhöhnt wurde, als er sagte: Die
Welt geht weiter, auch wenn Herr Honecker nicht in die Bundesrepublik kommt. - Auch an das sollten sich einige erinnern. Ich sage das, weil hier in der Diskussion zu Recht geäußert worden ist: Die Aufarbeitung der Vergangenheit ist
eine gesamtdeutsche Aufgabe, und auch viele, die nach 1945
nie unter der Diktatur leben mußten, die immer nur im Westen
waren, müssen einiges dazulernen und in sich gehen.

Ich frage mich auch: Wie bringt jemand wie Herr Heuer
die Stirn auf, anläßlich der letzten Diskussion um das erste
Unrechtsbereinigungsgesetz das DDR-Regime mit Formallegali-
sierung und -legitimierung zu verteidigen? Wie bringt der
noch die Stirn auf, in das frei gewählte Haus des Deutschen
Bundestages zu gehen? Das frage ich mich. Seine Existenz
dort ist für uns ehemalige politische Häftlinge eine einzige
Verhöhnung.

Ich bin vor wenigen Monaten zum Vorsitzenden einer
Dachorganisation gewählt worden, die hauptsächlich über ein
Dutzend Vereinigungen von Menschen umschließt und betreut,
die in den ersten Jahren der SBZ/DDR eingesperrt worden waren - Internierte.

Nun möchte ich auch noch einiges zur Frage der Entschädigung sagen. Es wird zu Recht gesagt, Wiedergutmachung ist
nicht möglich. Wer kann mir die fünfeinhalb Jahre wiederge-
ben, die ich vom 24. bis 30. Lebensjahr weg war? Ich kam zurück; mein siebenjähriger Sohn erkannte mich nicht wieder,
obwohl ihm meine Frau und meine Eltern Bilder von mir gezeigt haben. Er kannte mich nicht. Es dauerte eine Weile,
bis er "Papa" sagte.

Der Deutsche Bundestag hat - ich sage das mit großer
Verlegenheit, weil ich der größeren Partei in diesem Deutschen Bundestag angehöre - eine Entscheidung getroffen, die
von dem Etat für 1992 nur etwas mehr als 0,3 % zur materiel-
len Entschädigung für die ehemaligen politischen Häftlinge
auswies. Wir hatten gedacht, das würde im Jahr 1993 fällig
werden können. Nein, das ist gestreckt worden bis 1999. Der
Älteste unter den Mitgliedern, die ich vertrete, ist 102
Jahre alt. Zwei Drittel der Leute, die ich vertrete, sind
älter als 60 Jahre; die haben seit 1945 gewartet. Das Fi-
nanzministerium hat für 1993 ganze 198 Millionen Mark ausge-
wiesen; das sind noch einmal ungefähr 0,15 % des Betrages,
der überhaupt vorgesehen worden ist.

Ich appelliere an das Hohe Haus in zweifacher Richtung.
Erstens: Ändern Sie diese Regulierungen, die durch das erste
Unrechtsbereinigungsgesetz in Kraft gesetzt worden sind!

(Beifall)

Das zweite, was ich sage: Es existiert seit 1954 ein
Institut für Zeitgeschichte, das sich mit den schrecklichen
zwölf Jahren der NS-Barbarei befaßt. Wir stellen von Tag zu
Tag fest, daß das noch nicht aufgearbeitet ist - zum Teil
auch, weil die Zeugen wegsterben oder weggestorben sind.

Vierundvierzig Jahre SED-Diktatur des real existieren-
den Sozialismus laufen auch Gefahr, in der Dokumentierung
und Überlieferung zu kurz zu kommen, weil die Leute wegsterben, vor allem die, die die ersten Jahre erlebt haben. Ich
appelliere an das Hohe Haus, endlich ein vergleichbares Institut zu schaffen und personell entsprechend auszustatten,
damit diese Geschichte aufgearbeitet werden kann.

(Beifall)

Ich sage das auch aus dem Grunde, weil ich fürchte, daß
sich sonst ein Riß in Deutschland unter uns Deutschen, der
zum Teil erst nach der Niederlegung der Mauer aufgebrochen
ist, vertieft, daß wir mit zu großen Schmerzen und Beschädi-
gungen zusammenwachsen, wenn wir da nicht etwas tun.

Noch ein konkreter Appell: Die Stiftung für politische
Häftlinge hat drei neue Sachbearbeiter für die Bearbeitung
von sozialen Härtefällen verlangt. Die sind bisher verweigert worden. Ich appelliere an das Hohe Haus, dem zu ent-
sprechen.

Ich danke für die Aufmerksamkeit.

(Beifall)

Diskussionsleiter <u>Martin-Michael Passauer</u>: Bitte sehr.

Herr <u>Hussog:</u> Mein Name ist Peter Alexander Hussog. Ich
komme von der Hilfsorganisation "Help". - Herr Passauer, Sie
wollten etwas über Wirkungen wissen. Ich werde einmal ein
kurzes Beispiel geben.

Es leben etwa noch 300 Menschen, die das Pech hatten,
vor der Kapitulation nach Rußland verschleppt zu werden, und
diese 300 Menschen wurden im ersten Unrechtsbereinigungsgesetz nicht berücksichtigt. Darunter sind Neunzigjährige,
fast Hundertjährige. Es ist einfach eine Wirkung da. Diese
Menschen leiden jetzt psychisch, und sie leiden im Grunde

materiell, da sie ja nicht einmal diese geringen 550 bzw.
300 Mark bekommen.

Unsere Hilfsorganisation betreut eine andere Gruppe,
die nicht das Glück hatte, wenigstens eine Anstellung als
Pförtner oder bei der Kirche zu bekommen, sondern gegen die
ein gnadenloser Einstellungsboykott praktiziert wurde. Ein
Lehrer, der 1968 den Einmarsch in die CSSR kritisiert hatte,
hat seit diesem Tage bis auf den heutigen keine Arbeit bekommen, keine Sozialhilfe, kein Arbeitslosengeld. Diese Menschen gingen total ruiniert - psychisch und materiell - in
die deutsche Einheit. Ich gehöre übrigens mit dazu. Das sind
auch ungefähr - Gott sei Dank sind es nur soviel - 300 Menschen, und für diese 300 hat der Gesetzentwurf, der jetzt
von Frau Leutheusser-Schnarrenberger vorliegt, nicht eine D-
Mark materielle Entschädigung rückwirkend übrig. Es gibt
keinen Ausgleich zurückliegender Nachteile. Es gibt keine
Stiftungshilfe für zurückliegende Nachteile. Das heißt, wenn
sie heute Sozialhilfeempfänger wären, dann könnten diese 300
bei der Stiftung einmal etwas beantragen.

Ich bitte Sie - wir werden morgen auch unseren Protest
hier verteilen -: Helfen Sie mit, daß es nicht bei diesem
überaus dürftigen und phantasielosen Entwurf bleibt.

Das heißt, es ist in diesem Entwurf nicht einmal die
Möglichkeit vorgesehen, Arbeitsrechtsurteile, die gegen demokratische Grundsätze verstoßen haben, in denen gelogen,
manipuliert und gebeugt wurde, zu revidieren.

Ich habe 1985 sogar Strafanzeige gegen diese betreffenden SED-Richter erstattet. Sie können sich vorstellen, damit
saß ich ein zweitesmal mit einem Bein im Gefängnis. Heute
muß ich mit diesem Urteil weiter leben, weil der Bundesar-
beitsgerichtshof festgestellt hat: Bis zum Juni 1990 sind
alle Urteil rechtskräftig.

Dieser Gesetzentwurf müßte normalerweise die Möglichkeit einräumen, die Urteile - es sind ja Gott sei Dank nicht
alle -, in denen Recht gebeugt wurde, die gegen demokratische Grundregeln verstoßen, revidieren zu lassen, aufheben

zu lassen, aber nicht einmal das ist in diesem Entwurf enthalten. Es sind noch andere eklatante Schwächen drin, die
ich jetzt hier nicht aufzählen will. Sie werden Sie morgen
finden. Ich bitte Sie alle, die Sie hier sitzen: Kämpfen Sie
mit dafür, daß es nicht noch ein zweites Almosengesetz gibt,
sondern daß wenigstens dieses Gesetz halbwegs würdevoll verabschiedet wird.

Danke.


(Beifall)


Diskussionsleiter __Martin-Michael Passauer:__ Vielen
Dank. - Kommen Sie bitte auch nach vorn ans Mikrofon und
sprechen von hier aus.


__Hartmut Neuke:__ Die Frage, wie wir mit der zersetzenden
Wirkung, die wir erlebt haben, mit den Nachwirkungen, mit
der zersetzenden Wirkung, die wir noch heute auf Grund der
Nachwirkungen der Randlage im Beruf oder der Randlage im sozialen Bereich, der Randlage durch die Isolation in der Ge-
meinschaft und so weiter erleben, leben, ist eigentlich die
entscheidende Frage.

Die Frage besteht aus zwei Teilen: Wie lebt der einzelne damit? Wie lebt die Gesellschaft damit? - Wie einzelne
damit leben, ist hier schon gesagt worden; deswegen möchte
ich diese Frage erst einmal etwas beiseite drängen. Lassen
wir einmal diese zehn- oder hunderttausend Schicksale weg;
die sind im Verhältnis zu der anderen Frage unbedeutend,
denn die andere Frage ist: Wie lebt die Gesellschaft damit,
daß sie hier ein mögliches Potential für Demokratieentwick-
lung, wofür alle demokratischen Institutionen Verfassungs-
auftrag haben, links liegenläßt? - Das ist doch die entscheidende Frage, die gegenwärtig vor uns steht. Das ist die
einzig entscheidende Frage; alle anderen sind sekundär.

Danke.

(Vereinzelt Beifall)


Diskussionsleiter <u>Martin-Michael Passauer:</u> Bitte, nennen auch Sie Ihren Namen.


Herr <u>Köhler:</u> Meine Name ist Köhler. Ich bin von der Vereinigung der Verfolgten des stalinistischen Terrors. Wir haben hier ein Flugblatt mit dem Rollstuhlfahrer und zum anderen eine Kritik zum ersten Rehabilitierungsgesetz ausgelegt.

Ich möchte eigentlich, um es ganz kurz zu machen und Ihre Zeit nicht zu strapazieren, einen ganz harten Fall herausgreifen, wahrscheinlich einen der härtesten, den es in Deutschland gibt. Aber es gibt viele solcher Fälle, Blinde, Querschnittsgelähmte, beidbeinig Amputierte und so weiter. Dieser Wolfgang Stegemann, dessen Fall in dem Flugblatt dargestellt ist, hat sofort bei der Vereinigung noch in der DDR seinen Rehabilitierungsantrag geschrieben. Er hat sofort bezüglich der sozialen Ausgleichsleistungen an die Ämter geschrieben, bezüglich Schwerbeschädigung durch die Haft und so weiter. Er wurde in der Haft rollstuhlreif gemacht. Es wurde ihm die Erste Hilfe verweigert. Man hat in verbrecherischer Weise gegen die Menschlichkeit verstoßen, als man ihn zum Simulanten stempelte, als er den Urin nicht mehr halten konnte, nur noch an den Wänden langschlich, und man hat ihn immer wieder zum Simulanten gestempelt.

Erst dann, als er querschnittsgelähmt war, kam er nach Kleinmeusdorf - ein furchtbares Schicksal; der Professor dort stellte fest: Spinnengewebshaut zusammengezogen, dadurch querschnittsgelähmt; medizinisch überhaupt kein Problem, wenn rechtzeitig behandelt; oft durch Unterkühlung und Infektion hervorgerufen, jederzeit reversibel. In diesem Fall war es aber zu spät; die Erste Hilfe wurde über viele

Monate verweigert. Das ist ein Verbrechen ersten Ranges, das muß man sagen, und es gibt einige zehntausend solcher Verbrechen, wenn auch nicht mit diesen gravierenden Folgen.

Nun hat Herr Stegemann natürlich auch nach dem Tage der Einheit von der Stiftung Unterstützung erhalten. Wir danken, daß es die Stiftung dank der CDU-Regierung Konrad Adenauers gibt und daß sie wirkt. Aber was sich bis jetzt an weiteren Wirkungen gezeigt hat, das ist fast Null. Dieser Mann hat seinen Gesundheitsschaden - eindeutig in der Haft erworben - bis heute nicht anerkannt bekommen. Sanft schlummern sein entsprechender Antrag und inzwischen auch eine Beschwerde bei der Landesregierung von Brandenburg. Ich will hier keine Namen nennen; ich weiß nicht, wer die Sache direkt bearbeitet. Aber er hat an die Frau Hildebrandt geschrieben. Er hat noch gar keine richtige Antwort bekommen. Ich will Sie deshalb hier wachrütteln.

Wenn in einem solch harten, eindeutig nachgewiesenen Fall das Recht nicht greift und sich der Rechtsstaat eigentlich hinter irgendwelchem bürokratischen Dschungel versteckt und hier nicht wirksam wird, dann frage ich mich: Wo wird er denn überhaupt wirksam? Deshalb stelle ich hier die vermessene These auf: gestern Opfer, heute Opfer, morgen Ausgegrenzter in Deutschland - leider, denn so ein Mensch kann sich nicht mehr wehren.

Aber diejenigen sind nicht besser dran - das betrifft auch mich -, die 1968 aus politischen Gründen "eingefahren" sind, die standhaft geblieben sind und dann über zwanzig Jahre Berufsverbot hatten und nicht wieder in die Branche durften.

Ich weiß nicht, ob man in unserem demokratischen Land Bundesrepublik Deutschland überhaupt noch an das Gewissen appellieren kann, ob man überhaupt noch an die Ehre appellieren kann, ob man überhaupt noch an den Anstand glauben darf. Wenn wir uns die Reden anhören, die von Konrad Adenauer, Kurt Georg Kiesinger, Helmut Kohl, Willy Brandt, Herrn Schmidt und von Fraktionsvorsitzenden im Bundestag zu

den Vorgängen in der Deutschen Demokratischen Republik gehalten wurden, dann muß ich all diesen Politikern bis hin
zum BND den Vorwurf machen, daß heute überhaupt keine Anhörungen notwendig sind. Man war in der Bundesrepublik
Deutschland voll über das Ausmaß des Unrechts orientiert,
was in dem Staat DDR praktiziert wurde.

Wenn heute Anhörungen stattfinden, dann begrüße ich
das, aber dann muß in der Quintessenz des Ganzen für die
hart Betroffenen - ob es nun strafrechtlich Betroffene sind,
verwaltungsrechtlich oder berufsmäßig Betroffene - auch etwas herauskommen. Das muß nicht immer viel Geld sein, aber
das muß praktikabel sein. Die Leute müssen vor der sozialen
und politischen Ausgrenzung bewahrt werden.

Viel zu schnell und viel zu bequem ist es möglich, sich
mit den einstigen Tätern an einen Tisch zu setzen, weil sie
- ich gebrauche den Begriff eines Vorredners - "kompatibel"
sind. Vielleicht sind die ehemaligen politischen Häftlinge
nicht so kompatibel, oder sagen wir besser: nicht so anpas-
sungsfähig. Deswegen haben sie ja auch den Widerstand ge-
wagt, offen oder verdeckt. Dafür Lorbeeren zu ernten hat
niemand geplant; aber dafür ausgegrenzt zu werden - das ist
ungerecht.

Sie können aber nicht umhin zuzugeben, daß alle, die
einst in guten Positionen saßen, heute bestens untergekommen
sind. Sie können, statistisch gesehen - bitte betrachten Sie
es mathematisch -, nicht umhin zuzugeben, daß all jene, die
früher Repressalien ausgesetzt waren - auch der heutige Tag
hat das bestätigt -, im Abseits stehen.

Ich frage dieses Hohe Haus: Wann endlich werden endlosen Diskussionen um das Recht, endlosen Diskussionen, in
denen sich die Rechtstheoretiker gegenseitig übertrumpfen,
pragmatische Taten folgen, die uns zu gute kommen? Wir sehen
nichts davon.

Seit sieben Jahren werden wir vertröstet. Jetzt will
ich auch noch einmal ganz konkret werden, damit Sie nicht
glauben, ich könne nur so allgemein reden: Es gibt da eine

Härteregelung im neuen Gesetz, die man nur auf den Tag der
Maueröffnung begrenzt hat. Dann gibt es 250 Mark für den
Ossi oder auch nicht, und weil er vielleicht gerade an dem
Tag weg ist, lassen wir die Härteregelung gelten. Wieso läßt
man diese Härteregelung nicht für die Fälle vor dem
8. Mai 1945 greifen, zumal es ja nur noch 300 Überlebende
sind? Ist denn das finanziell, von der fiskalischen Seite
her gesehen, so bedenklich? Das kann ich mir nicht vorstellen. - Mehr wollte ich dazu gar nicht sagen.

(Beifall)

Diskussionsleiter Martin-Michael Passauer: Ihnen vielen
Dank. - Bitte.

Hary Seidel: Ich begrüße das Hohe Haus hier. Ich habe
da einige Sachen zu meiner Vergangenheit zu sagen. Sie frag-
ten, wie man damit fertig wird. Das habe ich mich auch gefragt.

Ich wurde vom Obersten Gericht der DDR 1962 zu lebens-
langem Zuchthaus verurteilt, wegen Verbrechens gegen das Gesetz zum Schutze des Friedens. Vorher war ich Spitzensport-
ler der DDR. Ich wurde hofiert, ich war DDR-Meister, mehrfach Berliner Meister, aber als die Mauer gebaut worden ist,
habe ich meine Zelte in der DDR abgebrochen und bin nach
Westberlin gegangen. Ich habe einen Monat später meine Frau
mit dem Jungen nachgeholt.

Durch die Verhaftung meiner Mutter zusammen mit einer
Freundin, die ebenfalls zu ihren Kindern wollte, hat sich
bei mir etwas entwickelt: Ich bin zum Fluchthelfer geworden.
Ich habe also danach anderen Menschen geholfen, die durch
die Mauer getrennt waren, habe sie persönlich durch den Zaun
geholt. Später, als das nicht mehr ging, habe ich Tunnel gebaut. Eines Tages bin ich dann verhaftet worden und zu le-
benslangem Zuchthaus verurteilt worden. Ich bin nach 4 Jah-

ren von der Bundesregierung wieder freigekauft worden und habe all die Jahre in Westberlin gelebt. Ich durfte nicht nach Ostberlin einreisen; ich war Persona non grata.

Jetzt, nach der Wende, stellt sich der Richter, der Präsident des Obersten Gerichtes der DDR war, als Saubermann hin und will die Verbrechen der anderen aufdecken. Da habe ich gesagt: Wir müssen etwas dagegen tun, wir müssen etwas aufarbeiten. - Wir haben diesen Mann zur Rede gestellt. Da stellte er sich hin und sagte: Ihr habt keine Todesurteile erhalten. - Die Kollegen vom Fernsehen sagten: Aber lebenslängliche Urteile. - Das verneinte er noch. Draußen vor der Tür stand ich, und ich wurde ihm gegenübergestellt. Der Mann wurde nicht mehr als Saubermann dargestellt. Er war sofort weg vom Fenster.

So müssen wir es auch in anderen Fällen zu tun versuchen. Es darf einfach nicht sein, daß solche Menschen Macht haben und diese Macht noch weiter ausnutzen.

Zur Sache Töplitz habe ich auch noch etwas anderes zu sagen. Herr Töplitz - das wußte ich damals nicht - ist Verfolgter des Nationalsozialismus und hat so lange eine Kämpferrente bekommen. Kämpfer heißt, Widerstand gegen den Nationalsozialismus geleistet zu haben. Herr Töplitz hat nie Widerstand geleistet, sondern er war Opfer. Er war Mischling ersten Grades und wurde 1944 zur OT herangezogen. Er hatte sich vorher, 1935, freiwillig zum Militär gemeldet und hat auch danach - er war ein Jahr bei der Wehrmacht - noch sein Studium beendet. Erst 1944 wurde er stärker verfolgt und zur OT herangezogen. Dafür hat er seine Verfolgtenrente bekommen, aber als er 1952 oder 1953 den Vaterländischen Verdienstorden bekommen hatte, da wurde auf einmal die Verfolgtenrente umgewandelt, und er war Kämpfer. Er hat die ganzen Jahre Kämpferrente bekommen, 1 750 Mark. Erst, nachdem die Bundesregierung es eingestellt hat, daß Kämpfer und Verfolgte gleichgestellt worden sind, ist die Rente auf 1 400 DM herabgesetzt worden.

Aber ich glaube, man sollte doch auch bei diesem Gesetz einmal überprüfen, ob solche Leute wie Herr Töplitz, der von 1960 bis 1986 Präsident des Obersten Gerichtes war, nicht noch Urteile gefällt haben, die rechtswidrig waren, und dafür zur Verantwortung gezogen werden müßten.

Ich danke Ihnen.

(Beifall)

Diskussionsleiter <u>Martin-Michael Passauer</u>: Wir müssen jetzt das Kunststück fertigbringen, daß wir in einer guten Viertelstunde noch alle Wortmeldungen, die sich aus der Enquete-Kommission ergeben haben, abwickeln. Vielleicht kann ich die Vertreterinnen und Vertreter der Enquete-Kommission bitten, daß sie auf manche inhaltlichen Dinge noch einmal reagieren. Unrechtsbereinigungsgesetz, Rehabilitierung, Entschädigung waren ja Begriffe, die immer wieder genannt worden sind. Wenn Sie vielleicht aus Ihrer Sicht dazu noch etwas sagen können?

Wir haben noch eine Wortmeldung aus dem Plenum. Bitte.

Herr <u>Stimming:</u> Mein Name ist Peter Stimming. Ich vertrete den Bund der Stalinistisch Verfolgten, Landesverband Berlin.

Ich möchte doch noch einmal daran erinnern, daß in diesem ersten Unrechtsbereinigungsgesetz viele Leute und viele Bürger vergessen worden sind. Da sind die deportierten Frauen, die auch schon erwähnt worden sind, und die deportierten Männer aus den Ostgebieten. Die haben sehr Schweres durchgemacht und sind meistens erst in den fünfziger Jahren wiedergekommen und wurden danach auch hier diskriminiert. Das zieht sich durch das ganze Leben. Sie sind erst deportiert worden, haben die schwere Zeit in den russischen Lagern mitgemacht, sind danach hierhergekommen und konnten keine richtige Ausbildung machen, und sie sind im Endeffekt jetzt auch wieder diejenigen, die mit den niedrigen Renten dastehen. So sieht das aus.

Andere Leute, die sich angepaßt haben, dicke Bonzen waren, kriegen jetzt die hohen Renten, mindestens 2000 D-Mark. Das ist eine sehr große Ungerechtigkeit diesen Leuten gegenüber.

Eine zweite Gruppe, die auch nicht berücksichtigt worden ist, sind zum Beispiel die Angehörigen der in den kommunistischen Konzentrationslagern nach 1945 Umgekommenen. Zu dieser Gruppe gehören 80 000 Menschen, die in den kommunistischen Konzentrationslagern auf dem Gebiet der DDR umgekommen sind. Deren Angehörige, die Witwen und Waisen, die damals die schwere Zeit durchmachen mußten, haben bisher keinen Pfennig gesehen und kriegen auch nach dem Gesetz nichts. Das ist eine große Ungerechtigkeit. Wir werden in dieser Angelegenheit vor das Verfassungsgericht ziehen. - Das sind die zwei Gruppen, die besonders stark betroffen sind.

(Beifall)


Diskussionsleiter Martin-Michael Passauer: Vielen Dank für die Ergänzung. - Ich lese jetzt einmal die Wortmeldungen derjenigen vor, die ich mir aufgeschrieben habe: Herr Dehnel, Herr Krause, Frau Michalk, Herr Schröder, Herr Mekkel, Herr Ullmann. Habe ich noch jemand vergessen? - Frau Wilms.

Herr Dehnel, bitte.


Wolfgang Dehnel (CDU/CSU): Wir sind natürlich alle sehr beeindruckt von den Schilderungen der Schicksale. Ich möchte Bezug nehmen auf Herrn Russow und Herrn Köhler, die hier beide über Gruppen gesprochen haben. Herr Köhler hat über einen Einzelfall gesprochen, und zwar geht es um die Frauen der Verschleppten. Da kann ich eine Empfehlung geben.

Wir haben ja nicht nur die Enquete-Kommission im Deutschen Bundestag, sondern auch den Petitionsausschuß. Ich empfehle Ihnen, daß Sie einmal eine Petition an den Petitionsausschuß des Deutschen Bundestages übergeben. Wir haben sogar drei Mitglieder in der Enquete-Kommission, die das entsprechend begleiten würden. Ich glaube, da würden wir am ehesten zu einem Erfolg kommen. - Ich weiß nicht, ob Sie das schon getan haben.

(Herr Köhler: Das haben wir getan!)

Herr Stimming: Wir haben schon mehrere Petitionen an den Petitionsausschuß geschrieben. Bisher ist das alles negiert worden. Wir haben ausweichende Antworten bekommen und konnten damit nichts anfangen. Wir sind an die Zeitung gegangen, wir haben den Petitionsausschuß angeschrieben. Wir haben einen Aufruf an den Bundespräsidenten geschickt, an den Bundeskanzler, an sämtliche Ministerpräsidenten - speziell im Hinblick auf die deportierten Frauen - und haben versucht, auch auf den Bundesrat Einfluß zu nehmen, aber die Opfer sind eben zu schwach. Das ist der Ausdruck. Wir schaffen es aus finanziellen Gründen nicht, bei den Leuten Gehör zu finden. Wir haben vorhin von Herrn Bude gehörte, es sind 0,23 % vom Haushalt für diese ganzen sieben Jahre vorgesehen. Sollen denn all die Leute erst sterben, um eine biologische Lösung zu finden?

(Beifall)

Diskussionsleiter Martin-Michael Passauer: Darf ich Sie daran erinnern, daß wir die Regeln des Parlamentarismus einhalten? Wir hatten die Aussprache im Plenum eigentlich geschlossen und wollten jetzt hören, was die Damen und Herren Abgeordneten sagen. Wenn wir dann noch ein bißchen Zeit haben - wir sind wirklich in Druck -, dann würde ich Sie noch

innerlich und äußerlich vormerken. - Jetzt hat Herr Dehnel
wieder das Wort.

Wolfgang Dehnel (CDU/CSU): Ich möchte zur Richtigkeit
noch bemerken, daß ich Herrn Russow und Herrn Köhler mit ihren beiden Fällen gemeint hatte.
    Dann hätte ich noch eine Frage an Herrn Wolf. Wie stel-
len Sie sich zu den Geschichtsdaten 17. Juni 1953, August
1968, Mauerbau 1961 und dann zum Mauerfall 1989?

Diskussionsleiter Martin-Michael Passauer: Herr Krause,
bitte.

Dr. Rudolf Karl Krause (Bonese) (CDU/CSU): Gestatten
Sie, daß ich jetzt nicht auf diese ganzen aufwühlenden Sachen eingehe, sondern auf einen anderen Punkt.
    Herr Professor Wolf, ich war von 1957 an in Leipzig, im
Thomanerchor, und habe die letzte Ausbildung an der Universität Leipzig zum Fachtierarzt 1987 gemacht. 1965 kamen wir
im Universitätschor in Kontakt mit einem früheren Oberassi-
stenten des Prof. Bloch. Er hat uns damals in einer sehr offenen Weise in einige philosophische und personelle Hinter-
gründe der Leipziger Universität eingeführt.
    1968 hatten wir in der tierärztlichen Fakultät einen
früheren Mitarbeiter von Grotewohl, Prof. Nuus, der sich in
sehr eindeutiger Weise an die Seite von Dubcek gestellt
hatte. Außerdem hatte ich dann Gelegenheit, mit Schlegel und
einigen anderen Kollegen von dieser tierärztlichen und land-
wirtschaftlichen Fakultät zusammenzukommen - es waren Politökonomen -, die uns in einer sehr offenen Weise, die eigentlich für sie hätte gefährlich sein müssen - aber offensichtlich war das Umfeld so -, in ökonomische Zusammenhänge eingeführt haben und uns zum Fachtierarztstudium 1985 bis 1987
mit ganz objektiven Zahlen vorgerechnet haben, daß die DDR-
Wirtschaft in vier Jahren pleite ist, daß also die Investi-

tionen fast ausschließlich in die Braunkohle gehen, daß über solche Dinge wie die Verlängerung der normativen Nutzungsdauer der Verschleiß vorprogrammiert ist, daß Anfang der achtziger Jahre das Dreifache des Zuwachses am realen Nationaleinkommen zusätzlich nach Rußland, in die Sowjetunion exportiert würde, daß der Außenhandelsumsatz mit Rußland zwar um 8 %, aber der Export bis zu 24 % stieg, das heißt also, daß der Import ständig zurückgegangen war.

Ich will damit also sagen, daß es an der Universität Leipzig unter den politischen Ökonomen, die ja alle SED-Leute waren - und das sage ich als einer, der bestimmt nicht dem linken Flügel der CDU angehört, absolut nicht -, durchaus einige gab, die uns dort schon in einer gewissen Weise auf den ökonomischen Untergang der DDR vorbereiteten.

Damit das jetzt nicht als Loblied ausklingt: Um so enttäuschter war ich, als meine Tochter Maria als frischgebakkene Studentin dann von der ersten Demonstration 1989 kam und es von den 900 Studenten dieser Sektion Tierproduktion/Veterinärmedizin gerade vier Studenten waren, die sich regelmäßig an den Demonstrationen beteiligt haben. Es gab eine Studentenpresse, die widerlicher rot als in den schlimmsten Ulbrichtzeiten war.

Es gab aber unter demselben Dach der Universität auf der einen Seite Politökonomen, die den Studierenden - wir waren damals Fachtierärzte, also etwa 40 Jahre - ganz offen, mit nüchternen Zahlen gesagt haben, wo die Karre hinläuft - es war also dort in Leipzig in diesen Kreisen bekannt -, aber auf der anderen Seite haben sich die Studenten Ende der achtziger Jahre, wie gesagt, an der Revolution nicht beteiligt. Es gab eine opportunistische, angepaßte Studentenschaft, die eigentlich im völligen Widerspruch zu dem stand, was dort unter diesen Ökonomen schon erkannt war.

Diskussionsleiter Martin-Michael Passauer: Vielen Dank. Darf ich vielleicht die anderen, bevor Sie reden, noch ein-

mal bitten, jetzt keine neuen eigenen Erlebnisse zu bringen,
sondern ein bißchen unserer inhaltlichen Linie zu folgen?

Wie haben Sie damit gelebt? Wie können wir an die verdeckten Strukturen stärker herankommen, wie können wir das
besser offenlegen? Welche Verletzungen habe ich gehabt, und
wie versuche ich, damit selber fertig zu werden? - Also
nicht noch neue Erlebnisse. - Frau Michalk und dann Herr
Schröder.


Maria Michalk (CDU/CSU): Ich möchte doch zunächst erst
einmal sagen, daß all die Forderungen und auch Kritiken, die
jetzt aus dem Auditorium gekommen sind, zum großen Teil berechtigt sind. Ich denke, wir sind uns aber einig, daß man
das Unrecht der vierzig, fünfundvierzig Jahre eben nicht mit
einem Schritt - und wenn dieser Schritt auch zwei, drei
Jahre umfaßt - bewältigen kann. Wir haben gerade das erste
Unrechtsbereinigungsgesetz verabschiedet.

Ich denke, viele der Anregungen, die heute hier genannt
worden sind, werden mit Sicherheit Gegenstand der Diskussion
zum zweiten Unrechtsbereinigungsgesetz und aller Dinge, die
damit in Verbindung stehen, sein.

Ich möchte zwei andere Anliegen unter der Maßgabe des
von dem Vorsitzenden Gesagten hier noch ansprechen. Wir haben heute viel darüber gehört, wie man Kinder mißbraucht
hat, wie man sie benutzt hat, wie Lehrer es erlebt haben,
wie Eltern darunter gelitten haben, wie man insgesamt eben
in diesem Zeitraum und gerade in den ersten Jahren der Kind-
heit Einfluß auf die Menschen genommen hat, die jetzt in
diesem Land leben. Wenn wir uns in dieser Kommission mit der
Vergangenheit beschäftigen, dann tun wir das ja für unsere
Zukunft.

Meine Frage ist - vielleicht können Sie, Frau Pohl, das
auch noch einmal aus Ihrer Sicht beantworten -: Wie können
wir es schaffen, das, was in unseren Kindern und Jugendlichen eigentlich kaputtgemacht worden ist, was sich ja jetzt

auch in aller Öffentlichkeit und auch in allen Konsequenzen
zeigt, abzubauen helfen, das heißt Hilfestellungen zu geben?

Wie können wir dieses Finden des eigenen Ichs besser
unterstützen - nicht nur als Politiker, sondern als Menschen
und als Eltern insgesamt?

Das zweite Problem, was ich meine, geht Sie an, Herr
Professor Wolf. Sie haben unter anderem gesagt, daß Sie sich
in Ihrer Zeit auch mit Methoden der studentischen Ausbildung
beschäftigt haben. Ich weiß, daß in dieser Zeit, gerade in
den siebziger, achtziger Jahren, da wirklich eine Methode an
den Hoch- und Fachschulen angewandt wurde, die ja weiß Gott
den Menschen nicht geholfen hat, sich überhaupt zurechtzu-
fitzen, wenn sie dann in die Praxis gekommen sind: Diskussionen theoretischer Art. Ich stelle die Behauptung auf, daß
alles nur theoretisch abgehandelt worden ist.

Wenn Studenten den Mut hatten - und zum größten Teil
waren es eben dann die Fernstudenten, die ja parallel in der
Praxis gearbeitet haben -, dann hinterfragten sie dieses
Planungssystem so kritisch und zeigten mit Beispielen, wie
es in dem bösen Kapitalismus funktioniert, dann belegten
sie, daß es so schlimm gar nicht sein kann, wie es uns in
der Theorie immer nahegelegt worden ist. Da hat man doch
völlig falsche Grundlagen gelegt. Ich denke, so dumm können
doch die Leute nicht gewesen sein, die diese Pläne erarbeitet haben, die diese Strategien erarbeitet haben, anzunehmen, daß die Menschen nicht dahinterkommen. Der Widerstand
war ja da.

Ich möchte einfach von Ihnen wissen, was der Hintergrund für diese rein theoretische Methode des Lernens war.

Diskussionsleiter <u>Martin-Michael Passauer</u>: Herr
Professor Schroeder bitte.

<u>Dr. Friedrich-Christian Schroeder</u>: Ich möchte auch
eine Frage an Frau Pohl stellen, weil ihre Darstellung die

Verständigungsschwierigkeiten zwischen West und Ost in gewisser Weise zum Ausdruck kommen.

Sie hatten berichtet, daß die Namen der Eltern des Kindes, bei dem dieses Bild gefunden wurde, der Betriebsleitung mitgeteilt wurden. Da stellt sich für einen westlichen Betrachter die Frage: Mußte man das nicht aushalten?

Ich komme deswegen darauf, weil ich in den letzten Wochen in einem ganz ähnlichen Fall von einer Lehrerin angesprochen worden bin, die sagte, sie sei zweimal zur Schulleitung bestellt worden. Ich fragte: Was ist dann passiert? - Da sagte sie, die Erlebnisse seien für sie so schwierig; sie wolle sich nicht weiter damit beschäftigen.

Es muß irgendwie etwas Atmosphärisches dahinterstehen, was man im Westen wenig begreift. Man fragt sich gelegentlich: Sind die Menschen in der DDR vielleicht zu schnell einem Drohmechanismus erlegen, hinter dem dann letztlich doch weniger steckte? Was steckte dahinter? Was war das Klima, das diese auf den ersten, äußeren Blick eigentlich durchaus als aushaltbar erscheinenden Maßnahmen so bedrohlich machte?

Diskussionsleiter Martin-Michael Passauer: Danke sehr. Jetzt ist Herr Meckel dran.


Markus Meckel (SPD): Ich muß noch einmal die Frage ansprechen, wie wir diese ganzen Probleme aufnehmen und weiter verarbeiten.

Ich würde den Vorschlag machen, daß die Dinge, die heute hier zu dem Stichwort des Unrechtsbereinigungsgesetzes - ein schreckliches Wort - angesprochen worden sind, vom Sekretariat zusammengestellt werden, daß vieles noch einmal beraten und mit einer entsprechenden Empfehlung an den Rechtsausschuß, der sich ja konkret mit diesen Dingen befaßt, weitergegeben wird.

Das zweite, was hier sehr konkret angesprochen worden ist, ist die Frage von Herrn Beleites: Wie kann hier eine entsprechende Benachteiligung, die ja eine sehr breite war, in eine gezielte Förderung umgesetzt werden, damit die Betroffenen meinetwegen bis zum Alter von 40 oder 50 Jahren · BAföG o.ä. bekommen? - Diese Förderung sollte dann aber so gezielt erfolgen, daß derjenige, der das bekommt, dann auch nicht an den internen Studienabläufen kaputtgeht.

Hier geht es darum, in der Nachfolge des heutigen Tages zu sehen, was man ganz konkret gesetzlich tun kann. Dies sollte als Empfehlung der Enquete-Kommission dann an die Länder gehen, die ja zuständig sind, um hier entsprechende Förderungsregelungen zu treffen. - Dies beides für unsere weitere Arbeit.

Danke schön.

(Beifall)

Diskussionsleiter Martin-Michael Passauer: Danke sehr. - Herr Dr. Ullmann bitte.

Dr. Wolfgang Ullmann (BÜNDNIS 90/DIE GRÜNEN): Ich habe zwei Fragen an Prof. Wolf, und dann werde ich noch etwas zu dem Thema der Unrechtsbereinigungsgesetze auf der Spur sagen, die von Herrn Meckel gewiesen worden ist.

Herr Dr. Wolf, Ihre Darstellung war für mich besonders eindrucksvoll, weil ich das alles sehr gut nachvollziehen konnte, was Sie da über Ihre eigene Tätigkeit gesagt haben. Aber gerade deswegen stellt sich mir die Frage: War dieses Neue Ökonomische System wirklich eine Chance nach dem Mauerbau?

Ich bin kein Fachmann auf Ihrem Gebiet und habe immer die Meinung gehabt und habe sie noch, daß angesichts der wirtschaftlichen Verflechtungen, die es in der modernen Welt schon seit dem Ende der Weltkriege gibt, eine Ökonomie, die sich so abgrenzt, wie das die sozialistischen Länder auch im Rat für gegenseitige Wirtschaftshilfe getan haben, tatsächlich eben nicht auf das Niveau kommen und die Flexibilität erreichen kann, die man braucht.

Zweite Frage: Können Sie etwas zur Rolle von Herrn Wolfram Krause sagen, der ja der Autor des ersten Treuhandgesetzes ist, welches wiederum die Vorlage für das zweiten Treuhandgesetz der Volkskammer vom 17. Juni 1990 geworden ist? Es wird ja heute ständig leidenschaftliche Kritik an der Treuhand geübt; es wird dabei aber meist vergessen, daß die Struktur, die sich jetzt äußerst hemmend auswirkt, ja aus DDR-Konzepten stammt.

Nun etwas zu den Unrechtsbereinigungsgesetzen. Es ist schon einigermaßen aufregend für unsereinen, die Diskussion heute mit anhören zu müssen. Die Kritikpunkte, die hier vorgetragen worden sind, sind ungefähr vor einem Jahr vom BÜNDNIS 90 bereits dem Bundesjustizministerium vorgelegt worden. Ich denke, einige der hier anwesenden Opferverbände beziehungsweise deren Vertreter werden sich noch an die Anhörungen erinnern, die hier in diesem Hause vor reichlich einem Jahr auf unsere Anregung hin stattgefunden haben.

Ich sage das, um noch einmal deutlich zu machen: Hier ist ja schon einmal eine Schlacht gekämpft worden, liebe Kolleginnen und Kollegen von der CDU, zum Teil auch unter Mithilfe Ihrer Kollegen im Rechtsausschuß. Aber wir haben in all diesen Punkten verloren, und zwar sind wir in erster Linie am Widerstand des Finanzministeriums gescheitert.

Frau Michalk, Herr Dehnel, ich kann Ihnen nur eines sagen: Der Entwurf des zweiten Unrechtsbereinigungsgesetzes sieht so aus, daß die Hoffnungen, die Sie jetzt haben, in keiner Weise berechtigt sind. Ich denke, man muß auf jeden Fall, wenn man hier noch etwas erreichen will, auch aus dem Nichtfunktionieren des ersten Unrechtsbereinigungsgesetzes heraus

(Beifall)

den Weg beschreiten, den Herr Meckel vorgeschlagen hat. Es gibt nur noch diese beiden Möglichkeiten - entweder eine Verfassungsklage, der ich aber wegen der schwierigen Rechtslage nicht allzu viele Chancen beimesse, oder die Enquete-Kommission tut hier, wozu sie da ist, und macht der Rechtsprechung Beine,

(Zustimmung)

wie es in diesem Falle nötig ist, und sagt ihrerseits: Wir haben wiederum festgestellt, so geht es nicht.

Ich will dabei vor allen Dingen den krassesten Fall herausheben. Das sind jene vorhin erwähnten Deportierten von jenseits der Oder. Hier ist uns - dem Rechtsausschuß auch - wirklich übel mitgespielt worden. Wir haben schon dafür gekämpft, daß sie im ersten Unrechtsbereinigungsgesetz Berücksichtigung finden, haben dann schließlich auf die Zusage, daß bei dem geplanten Kriegsfolgenbereinigungsgesetz, dessen Entwurf wir ja unlängst im Bundestag beraten haben, diese Gruppe angemessen berücksichtigt wird, vertraut. Was stattgefunden hat, ist ein Verweis auf die Stiftung. Die Betroffenen sind antragsberechtigt; das ist alles. Das kann man in keiner Weise eine angemessene Berücksichtigung nennen.

Ich kann nur sagen, das war ein schlimmes Spiel, was die Regierung hier mit dem Rechtsausschuß getrieben hat.

(Beifall beim BÜNDNIS 90/DIE GRÜNEN und bei der SPD)

Ich hoffe, daß die Enquete-Kommission uns hier noch einmal eine Möglichkeit gibt, die Diskussion wieder aufzunehmen und diese dringend erforderlichen Nachbesserungen vorzunehmen.

(Beifall)

Diskussionsleiter **Martin-Michael Passauer:** Frau **Dr.** Wilms, bitte.

Dr. Dorothee Wilms (CDU/CSU): Ich glaube, wir sind alle sehr beeindruckt von dem, was wir heute an Einzelschicksalen gehört haben. Ich bedaure sehr, daß doch relativ wenig Presse da ist. Ich bin überzeugt, wenn hier einige der ehemaligen "Größen" der SED oder der Stasi gewesen wären, wäre auch Presse hiergewesen. Wenn der normale Bürger mit seinen Sorgen, mit seinen Problemen, mit seinen Schicksalen angehört wird, dann findet das leider in unseren Medien auch nicht den Anklang, den das Ganze verdient.

(Beifall)

Ich möchte aber ausdrücklich sagen, daß das nach meiner Meinung nicht daran liegt, daß nicht genügend Vorarbeit geleistet worden ist, sondern das ist so, daß Presse dann springt, wenn prominente Namen, wenn Knüller geboten werden, und offensichtlich sind die Einzelschicksale des normalen Bürgers eben nicht der Presseknüller, den man erwartet.

Das zweite: Ich möchte mich sehr gern Herrn Meckel anschließen und sagen, daß das, was hier noch an vielfältigen Problemen aufgelistet wurde und in den Schicksalen zum Ausdruck kam, von uns jetzt sehr schnell in der Nacharbeit zur heutigen Anhörung und zur morgigen Anhörung noch einmal subsumiert werden muß und daß wir - Herr Ullmann, ich teile Ihre Meinung - unserer Aufgabe gerecht werden und diese Punkte noch einmal in die zuständigen Ausschüsse hineinbringen müssen. Das Hauptproblem ist, soviel ich weiß - ich bin nicht in diesen Ausschüssen tätig gewesen -, tatsächlich das Finanzproblem. Hier beißen sich eben die Anforderungen des Wiederaufbaues in den neuen Bundesländern mit den in meinen Augen auch berechtigten Wiedergutmachungsansprüchen, die die einzelnen Menschen haben. Wir sollten aber hier noch einmal miteinander tätig werden, wohl wissend - denke ich -, daß man Leid und Krankheit und seelische Bedrückung nicht mit Geld wiedergutmachen kann. Ich glaube, auch das müssen wir noch einmal sagen.

Ich möchte zu zwei Punkten noch etwas sagen, die im Laufe der Diskussion heute nachmittag angesprochen worden sind. Einer der Herren aus dem Plenum hat gesagt: Es war doch alles bekannt. - Ja, ich bin auch der Meinung, es war vieles von den Repressionen auch bei uns in der alten Bundesrepublik bekannt, aber vieles fand auch kein Interesse mehr. Auch dieses muß einmal sehr deutlich gesagt werden. Manche Publikation, die erschienen ist - auch von Organisationen, die hier vertreten sind - fand auch kein Interesse mehr, wurde nicht mehr abgenommen. Auch Broschüren des innerdeutschen Ministeriums fanden keine Abnehmer mehr; dafür interessierte sich niemand mehr. Auch darüber werden wir sicher noch einmal zu einem anderen Zeitpunkt sprechen.

Zu dem einen Herrn, der den Besuch von Honecker im Jahr 1987 erwähnte: Wir werden in der Kommission selbstverständlich auch über diese innerdeutschen Beziehungen sprechen, und Sie finden das in den Unterlagen auch ausgedruckt. Wir werden uns ganz sicher auch über die Situation in der alten Bundesrepublik Deutschland unterhalten. All dies steht an.

Lassen Sie mich nur die eine Bemerkung machen: Wenn man von dem roten Teppich, der für Honecker ausgerollt worden ist, spricht, dann muß man genauso auch von der Rede sprechen, die Bundeskanzler Kohl abends in der Godesberger Redoute gehalten hat, in der er auf die Freiheit und den Wunsch nach Einheit der Deutschen hinwies, auch darauf, daß wir uns mit der Mauer nie abfinden würden.

(Beifall)

Diese Rede von Helmut Kohl ist - Sie erinnern sich vielleicht noch - über alle Sender gelaufen, auch über die Sender der damaligen DDR. Das war eine Vorbedingung. Insoweit, denke ich, muß man diesen Besuch Honeckers sehr differenziert sehen. Daß er uns schwergefallen ist, dürfen Sie uns bitte abnehmen. Ich wollte nur erwähnen, daß man dann das ganze Spektrum sehen muß.
Vielen Dank.

(Beifall bei der CDU/CSU und der F.D.P.)


Diskussionsleiter <u>Martin-Michael Passauer</u>: Herr Meckel
noch kurz einen Satz, und Herr Hansen zwei kurze Sätze.


<u>Markus Meckel</u> (SPD): Ich wollte mich noch einmal kurz
zu dem Stichwort Öffentlichkeit äußern. Ich denke, daß man
mit dem, was hier kritisch gesagt wurde, ausgesprochen recht
hat. Ich bin sicher, daß es vom Interesse her eine große Öffentlichkeit gegeben hätte, daß aber nicht entsprechend informiert worden ist. Die Information über die heutige Veranstaltung war ausgesprochen schlecht bis katastrophal. Dies
betrifft die Kurzfristigkeit; dies betrifft die Information
in der Öffentlichkeit. Ich denke, daß die Berliner und die
Leute, die im Umland leben oder weitere Reisen gern gemacht
hätten, diesen heutigen Termin auch gern wahrgenommen hätten, wenn sie davon gewußt hätten.
   Ich denke, da muß einiges geändert werden. Diese Jacke
sollten wir uns anziehen. Man darf jetzt nicht einfach die
Presse beschimpfen. Ich denke, es sind auch eine ganze
Reihe von Journalisten hiergewesen. Die haben es gewußt,
doch nicht die Bevölkerung.
                    (Zustimung)


Diskussionsleiter <u>Martin-Michael Passauer</u>: Es sind auch
noch etliche hier, und denen sollte unser Beifall gelten. Es
sind eben Leute, die nicht mit der Kamera herumlaufen, sondern sehr viel und intensiv mitschreiben. Sie sitzen da
oben. - Herr Hansen, bitte.


<u>Dirk Hansen</u> (F.D.P.): Ich wollte jetzt nicht zu den in-
ternen Arbeitstechniken der Enquete-Kommission kleinkariert
nachkarten, sondern gern ein Wort aufgreifen, das ein Herr
in der Nachmittagsrunde gesagt hat. Das möchte ich gerne

noch einmal zitieren: "Die im Westen" - und ich füge ein,
ich komme selber aus dem Westen - "müssen auch in sich gehen
und auch einiges hinzulernen." Für mich ist das, verzeihen
Sie mir diese westliche Perspektive, ein sehr wesentlicher
Satz - neben all dem selbstverständlicherweise Wesentlichen
und nur Schmerz Auslösenden, was wir gehört haben.

Die Opferanhörung heute stand gewissermaßen in einem
inhaltlichen Kontext mit der Täteranhörung, die wir in einigen Wochen in einem auch sehr beziehungsreichen Raum in dieser Hauptstadt möglicherweise haben werden.

Die Kommission ist immer wieder aufgerufen - das ist
für mich die Quintessenz eines Tages im Laufe von einem halben Jahr -, sich nicht nur darauf zu beschränken, immer nur
die Vergangenheit so zu sehen, daß sie die Vergangenheit der
einen Hälfte oder des einen Teils Deutschlands ist. Es ist
auch hier deutlich geworden: Es geht, verdammt noch einmal,
alle an. Insofern bin ich eigentlich sehr dankbar, daß auch
mit Blick auf die gewünschten Konsequenzen, die gezogen werden sollen - etwa mit Blick auf den Rechtsausschuß oder insgesamt den Gesetzgeber - dies eine Angelegenheit aller im
Osten wie im Westen ist. Das wollte ich gerne einfach noch
einmal bestätigt haben.

(Beifall)

Diskussionsleiter Martin-Michael Passauer: Vielen Dank,
Herr Hansen. - Jetzt möchte ich gern all denjenigen, die
hier vorn gesessen haben, noch die Möglichkeit zu einem kurzen Schlußwort geben, auch Ihnen, Herr Dr. Wolf; auch wenn
Sie aus meiner Sicht sechs Anfragen bekommen haben, müssen
Sie - denke ich - jetzt nicht zu jeder Frage noch einmal de-
zidiert antworten. Vielleicht gelingt es Ihnen in einer kurzen, zusammenfassenden Weise, darauf zu reagieren, weil uns
die Zeit in der Tat wegläuft. Wir sind schon überfällig.

Jeder hat noch einmal das Wort. Frau Pohl, Sie sind
auch zweimal gefragt worden. Vielleicht können Sie darauf

dann gleich reagieren und dann noch etwas zum Schluß sagen. - Wer möchte anfangen?

Sve Pohl: Ich kann nicht sagen, was in den Betrieben der Eltern passiert ist, weil wir in der Schule nie den Rücklauf bekommen haben, weil die Eltern ja nicht das Vertrauen zur Schule hatten und nicht gekommen sind.

Ich weiß aus Erfahrung - als ich schon nicht mehr in der Schule war -, daß ein Vater in eine andere Dienststelle versetzt worden ist. Ich weiß auch von Hausbewohnern aus dem Haus, in dem ich wohne, daß immer Erkundigungen über uns eingezogen worden sind. Welche Folgen das eventuell für uns hatte, werde ich feststellen, wenn ich vielleicht irgendwann einmal in meine Unterlagen einsehen kann. Von daher kann man dazu im Augenblick gar nicht soviel sagen.

Ich denke, die Antwort auf die andere Frage, wie man Kindern und Jugendlichen vielleicht helfen kann - ich habe viel mit Jugendlichen bei uns zu tun -, ist, daß man versucht, mit ihnen ins Gespräch zu kommen. Die sind zum Teil eigentlich schizophren erzogen worden. Zu Hause wurde ihnen gesagt: Sagt bitte in der Schule nicht, wie wir jetzt darüber reden. - Oftmals oder meistens wurde ja zu Hause anders geredet als in der Schule. Jetzt ist also für sie eine Welt zusammengebrochen. Wem sollen sie denn nun glauben? Von den Eltern wurden sie so erzogen, daß ihnen gesagt wurde: Sagt nur nicht, wie wir wirklich zu Hause denken. - In der Schule hatten sie zu den Lehrern auch kein Vertrauen. Es ist also schwierig.

Ich glaube, man muß eine Vertrauensbasis aufbauen und den Kindern oder den Jugendlichen auch eine Chance geben, irgendwo eine Perspektive zu haben - Freizeitangebote und dergleichen. Wichtig ist immer, daß man mit ihnen im Gespräch ist. Das ist also ganz wichtig, auch untereinander, daß dort Vorurteile abgebaut werden, daß sie sich gegenseitig akzeptieren können.

Im Augenblick verkriechen sie sich - zumindest stelle
ich es bei unseren Jugendlichen oft fest -, wenn sie nicht
aggressiv sind, in so eine Ecke, ziehen sich in eine Nische
zurück. Das ist das eine.

Das andere: Ich denke, es gibt auch Jugendliche - da
kommt es eben auf das Elternhaus an, wie sie zu Hause erzogen worden sind oder wie mit ihnen geredet worden ist -, die
einen Neuanfang starten. Mein Sohn hat jetzt das Abitur
nachgemacht. Der ist fast so alt wie Sie. Der hat sich noch
einmal auf die Schulbank gesetzt und hofft, daß es klappt,
noch einmal zu studieren. Bei meiner Tochter wird es vielleicht auch klappen.

Ich denke, es kommt darauf an, welches Verhältnis wir
selber zu den Jugendlichen aufbauen.


Diskussionsleiter Martin-Michael Passauer: Danke sehr.
- Bitte, Herr Dr. Wolf.


Herr Dr. Wolf: Ich bitte um Verzeihung, wenn ich mich
zu einigen Fragen wirklich ganz kurz fasse. Zunächst zu den
drei Daten, die genannt worden sind.

17. Juni 1953: Meine Auffassung ist, daß dies - ich
glaube, das ist inzwischen auch durch die historischen Materialien belegt - eine gesellschaftlich verbreitete Bekundung
des Arbeiterunmuts mit dem gegebenen System war, mit mehreren Einschränkungen meiner Meinung nach. Aber das würde
jetzt zu weit führen. Ich will sie vielleicht nur antippen.

Die erste: Es hat bis zuletzt von oben aus Dummheit
oder wie auch immer provokative Dinge gegeben. Es wurde vor
dem 17. Juni etliches bereinigt, aber die Normerhöhung
nicht zurückgenommen, die die Arbeiter natürlich auf die
Barrikaden brachte.

Zweitens: Ich war selbst an den Diskussionen damals beteiligt und habe sehr oft gehört: Sozialismus ja, aber nicht
mit dem Ulbricht. - Das ist also eine Frage, die man meiner
Meinung nachmit zur Kenntnis nehmen muß.

August 1968: Das war meiner Meinung nach a) - ich habe das vorhin angedeutet - die internationale Bekundung, daß die Zeit der Reformen aufzuhören hat, und b) war es eine - ich muß es so nennen, es tut mir leid - rein imperialistische Abgrenzung der Interessensphären zwischen USA und UdSSR, weil nämlich die CSSR zur Interessensphäre der Sowjetunion gerechnet wurde, und infolgedessen wurden die tschechischen Reformer allein gelassen.

Was den Mauerbau angeht, so konnte man in den ersten Jahren - ich gestehe es offen und, wenn Sie so wollen, meinetwegen auch selbstkritisch - annehmen, es sei eine normale Grenzsicherung, die man mit normaler Grenzkontrolle und beiderseitiger Durchlässigkeit haben könnte. In dem Moment aber, wo dies das Einsperren des ganzen Volkes bedeutete, offenbarte es die Pleite dieses Systems.

Auf die Frage von Herrn Ullmann, ob das NÖS eine Chance hatte, will ich nur mit einer These antworten - mit einem Angebot verbunden. Nach meiner festen Überzeugung hat es in den ersten Jahren, mindestens 1963 bis 1965, vielleicht bis 1966 und 1967 hinein eine echte Chance dazu gegeben, einen menschlichen, einen freiheitlichen, einen effizienten, einen attraktiven Sozialismus aufzubauen, aber nicht mit einer nationalen Autarkie. Das ist nach meinem Dafürhalten einer der Gründe für den Selbstmord Apels gewesen, ich will das hier direkt aussprechen -, weil er eine andere Konzeption hatte. Ich bin gern bereit -, das ist mein Vorschlag-, dazu vielleicht in unserer Enquete-Kommission einmal 10 Minuten oder eine Viertelstunde lang im Zusammenhang darzutun, was meine persönlichen Erfahrungen sind, denn ich war damals sozusagen im engsten Kreis mit befaßt.

Ich bitte mich von der Beantwortung der Frage nach Wolfram Krause zu entbinden. Ich bin gern bereit, Herr Ullmann, mit Ihnen persönlich darüber zu sprechen. Er ist hier heute nicht anwesend. Ich kann dazu sagen: Ich kenne ihn seit 1963 in den verschiedensten Funktionen und habe keine

sehr hohe Meinung von ihm. - Genügt das vielleicht in der
Eile?

Nun zu den Fragen, die Herr Krause aufgeworfen hat. Ich
habe sie eigentlich mehr als Feststellungen genommen. Es ist
für meine Begriffe wichtig: Wenn wir über Filz oder Seilschaften oder irgend etwas sprechen, dann tun wir das heute
mit gutem Recht in negativem Sinne. Aber es ist auch wahr:
Es ist gibt Schulen - zum Beispiel war Herr Schlegel in den
fünfziger Jahren unmittelbar einer meiner Mitarbeiter - -
Ich will nur sagen: Es gab eine ganze Reihe von Ökonomen,
die in der Tat aus den offiziellen Materialien - aus den offiziellen Materialien, andere waren nämlich verboten - dennoch in der Lehre eine ganze Reihe von für die Studenten
wichtigen Dingen abgeleitet haben. Ob sie tief gegriffen und
gewirkt haben, weiß ich nicht. Sie haben es selbst gesagt -
so ist es in einigen Fragen im Endeffekt doch nicht gewesen.

Zur Frage von Frau Michalk hier auch ein Angebot. Ich
will nur sagen: Meine Betätigung bezog sich ausschließlich
auf die Ausbildung von Ökonomen, und da ging es um solche
Dinge wie scharfe Reduzierung der Pflichtstundenzahl, Ein-
führung von fakultativen und wahlobligatorischen Fächern,
Prüfungspraktikum, Vorpraktikum und Berufspraktikum innerhalb dessen. Es ist keineswegs alles durchgegangen, weil das
nicht völlig systemkonform war.

Mein Angebot, Herr Passauer beziehungsweise Herr Vorsitzender: Wenn wir das Themengebiet 2 behandeln, könnte man
zur Frage, was denn das für Bestrebungen in den letzten Jahren im Hochschulwesen in dieser Richtung waren und welche
warum nicht zum Tragen gekommen sind, sprechen. Auch dazu
wäre ich gern bereit, etwas zu sagen, denn ich habe mich
über 10 Jahre dort bemüht und bin 1987 mit riesengroßem
Krach zurückgetreten, weil ich auch sah, daß ich nicht
durchkam.

Diskussionsleiter <u>Martin-Michael Passauer:</u> Vielen Dank. Das Angebot werden wir sicher annehmen und erst einmal notieren. - Herr Beleites, wollen Sie noch etwas sagen?

Sv <u>Beleites:</u> Ich möchte eigentlich kurz noch einmal den Vorschlag von Herrn Meckel sehr unterstützen, es mit dieser Anhörung heute nicht bewenden zu lassen, sondern zu sehen, wie man das nun aufgreifen und konkret und möglichst rasch in Hilfe, die die Betroffenen erfahren können, umsetzen kann, damit sich die bundesdeutsche Bürokratie für diejenigen, die von der Stasiverfolgung betroffen sind, nicht weiterhin als eine Art Ausführungsorgan von Stasientscheidungen darstellt, sondern damit man hier wirklich rasch zu Erleichterungen kommt.

Ich denke, daß es ja nicht immer um Geld gehen muß. Gerade, um jetzt für berufliche und Bildungsdiskriminierung irgendwie entschädigen zu können, muß man jetzt wirklich danach fragen, welcher Personenkreis betroffen ist, und dieser Personenkreis ist einzugrenzen. Da muß man fragen: Was ist passiert? Wie kann man jetzt zum Beispiel dieser Zeitverzögerung entgegenwirken? Wie kann man auch bestimmte Arbeiten oder Publikationen, die die Leute gemacht haben, in bestimmter Art und Weise anerkennen usw.?

Das, denke ich, ist auch eine Sache, die man von dieser Enquete-Kommission erwartet, daß das nicht so zählebig läuft und sich an irgendwelchen Etatfragen abbremsen läßt. Es gibt viele Dinge, die hier zu regeln wären, die unabhängig vom Geld zu entscheiden sind.

(Beifall der Abg. Angelika Barbe (SPD))

Diskussionsleiter <u>Martin-Michael Passauer:</u> Vielen Dank. - Frau Seidel.

Sve <u>Dr. Seidel:</u> Ich denke, daß die Leute, die sich ge-
wehrt haben, relativ viel Blessuren davongetragen haben,
aber auch viele wertvolle Erfahrungen gemacht haben. Ich
denke, daß die Erfahrungen überwiegen.

Ich denke, daß bei dem, was Prof. Schroeder sagte - daß
die DDR-Bürger durch die Bedrohungen der Stasi zu schnell
den Rückzug angetreten haben; so ähnlich haben Sie es formuliert -, viel Anpassung an die gesellschaftlichen Bedingungen, an vermeintliche Erfordernisse gewesen ist; dies ist im
Westen eigentlich genauso.

Wir haben uns neulich mit den Frauen für den Frieden
und mit Frauen aus dem Westen nach vielen Jahren das erste
Mal wieder getroffen. Wir haben festgestellt, das wir auf
Grund unserer Stasierfahrungen eigentlich für dieses gemein-
same Deutschland besser gewappnet sind als die Westfrauen.

(Beifall)

Ich hoffe, daß wir das irgendwo auch herüberbringen
können. Wir werden uns nicht so ganz schnell wieder mit Ge-
heimdiensten einverstanden erklären.

(Beifall)


Diskussionsleiter <u>Martin-Michael Passauer:</u> Ich möchte
Ihnen allen herzlich danken, Ihnen, die Sie hier vorn mit
mir gesessen haben, mit Zittern und Zagen, aber dieses Zittern und Zagen ist heutzutage die glaubwürdigste Form, öffentlich zu reden, und dieses hat uns sehr wohlgetan. Deshalb möchte ich mich bei Ihnen bedanken, aber auch bei Ihnen
allen, die Sie sich am Gespräch beteiligt haben, und über-
gebe jetzt zum Schlußwort das Wort unserem "großen" Vorsitzenden.

__Vorsitzender Rainer Eppelmann:__ Das Schlußwort ist kein Schlußwort, sondern es sind bloß noch vier Dinge, die einfach am Ende dieses Abends noch gesagt werden müssen.

Das eine ist: Da wir die Zeit überzogen haben, fährt der Bus nicht um 18.30 Uhr ab - dann wäre er längst weg, und wir müßten nach Hohenschönhausen in den Knast laufen. Ich schlage vor, daß wir uns so beeilen, daß wir um 19.15 Uhr unten vor dem Südportal, also vor dem Haupteingang, dann losfahren können.

Nochmals die Einladung an die Journalisten: Journalisten, die unseren Besuch nutzen wollen, um selber dort mit hineinzukommen, können dies tun. Wir können uns dann vor dem Gefängnis in Hohenschönhausen treffen. Allerdings habe ich mich eben noch einmal erkundigt - der Bus ist voll; Sie müßten also Ihr eigenes Fahrzeug nutzen.

Das zweite ist: Weil Sie heute soviel Schelte bekommen haben - Sie sind allerdings einmal schon gelobt worden von Ralf Hirsch, das bezog sich aber auf die Vergangenheit -, möchte ich die Journalisten hier auch öffentlich noch einmal loben. Es sind nämlich heute 51 unter uns gewesen, vier Fernsehteams -

(Beifall)

die haben hier bloß alle kein Schild auf dem Bauch getragen: Ich bin ein Journalist. Sie sind also besser gewesen, als mancher hier den Eindruck erwecken wollte. Man muß ja außerdem sehen, daß der Honecker-Prozeß heute auch noch läuft. Die haben also arbeitsteilig arbeiten müssen, und dann, finde ich, sind 51 eine ganz ansprechende Zahl. Es sitzen immer noch welche unter uns, ich sehe sie, ich kenne sie schon seit vielen Jahren.

Wir werden damit leben müssen, daß nur dann mehr kommen, wenn Boris Becker und Jim Courier Tennis spielen. Das mag man beklagen, aber es ist so.

Ein Drittes: Ich möchte uns allen danken, die wir hier bis jetzt ausgehalten haben - und ich betone noch einmal, darunter sind auch Journalisten -, und ich möchte Sie einladen - sagen Sie das auch weiter -: Es geht morgen weiter, noch einmal von 9.00 bis 13.30 Uhr; ab 11.00 Uhr etwa wird die Bundestagspräsidentin unter uns sein und dann versuchen, für beide Tage eine Zusammenfassung vorzunehmen. Sie wird sich morgen früh noch über den Verlauf des heutigen Tages informieren lassen.

Einen Satz möchte ich doch noch sagen, weil für meinen Eindruck das Sekretariat ein bißchen Schelte bekommen hat, und zwar öffentlich. Vor mir liegt der "Berliner Kurier" vom 28.11. Darin wird auf die heutige und morgige Anhörung hingewiesen. Vor mir liegt die "Berliner Zeitung" von heute mit einem hübschen Foto von Markus Meckel.

(Angelika Barbe (SPD): Sehr spät!)

- Ich will bloß darauf hinweisen, der "Berliner Kurier" hat es am 28.11. gebracht. Wann Zeitungen was bringen, entscheiden sie - manchmal kann man auch sagen, zum Glück - ein bißchen selber.

Herzliche Einladung also noch einmal: Kommen Sie bitte morgen wieder. Erzählen Sie davon, überlassen Sie das nicht nur den Journalisten. Ich glaube, unser Unternehmen kann nur gelingen, wenn möglichst viele von uns Deutschen - egal, wo sie geboren sind, egal, wo sie in den letzten 30 oder 40 Jahren gelebt haben - sich fragen: Wie war das mit meinem Leben und meinen Erfahrungen in den letzten 45 Jahren?

Herzlichen Dank. Auf Wiedersehen.

(Schluß: 19.08 Uhr)

# Sprecherregister

## a) Mitglieder der Kommission

| | |
|---|---|
| Frau Abg. Barbe | 29 |
| Abg. Dehnel | 154/155, 156 |
| Abg. Eppelmann | 1-5, 15, 28, 29/30, 57, 62, 67/68, 174/175 |
| Sv Dr. Faulenbach | 34/35 |
| Sv Gutzeit | 51 |
| Abg. Hansen | 36, 166/167 |
| Abg. Hilsberg | 31/32 |
| Abg. Dr. Keller | 39, 50 |
| Abg. Dr. Krause | 156/157 |
| Abg. Meckel | 32/33, 68/69, 74, 77, 81/82, 85, 87, 101, 106, 114, 115, 119, 120, 121/122, 159, 160/161, 163, 166 |
| Frau Abg. Michalk | 158/159 |
| Sv Dr. Mitter | 33 |
| Sv Passauer | 122-124, 126, 128, 133/134, 136, 139, 140, 141/142, 147, 148, 151, 153, 154, 155/156, 157/158 160, 166, 167/168, 169, 172, 173 |
| Abg. Poppe | 36/37 |
| Sv Prof. Dr. Schroeder | 159/160 |
| Abg. Dr. Ullmann | 30/31, 161-163 |
| SvV Prof. Dr. Weber | 29 |
| Abg. Prof. Weisskirchen | 28 |
| Frau Abg. Dr. Wilms | 51-53, 164-166 |
| Sv Prof. Dr. Wolf | 130-133, 137-139, 169-171 |

## b) Zeitzeugen und Referenten